El ajo
mod

Los tiempos en que el ajo era menospreciado
como vulgar condimento propio del pueblo llano,
han pasado a la historia. Hoy día es uno de los
ingredientes favoritos de los cocineros más
famosos, y ha dejado de ser simplemente el
condimento típico de los países meridionales
para convertirse en auténtica estrella de la
moderna cocina internacional. Al mismo tiempo,
sus propiedades medicinales han sido
confirmadas por la ciencia como remedio eficaz
para prevenir y curar las llamadas enfermedades
de la civilización contemporánea.
¿Hacen falta más argumentos todavía para
dedicarle todo un libro de cocina?

Editorial Everest, s. a.

MADRID • LEON • BARCELONA • SEVILLA • GRANADA • VALENCIA
ZARAGOZA • LAS PALMAS DE GRAN CANARIA • LA CORUÑA
PALMA DE MALLORCA • ALICANTE – MEXICO • BUENOS AIRES

SOBRE EL AJO

Un condimento con tradición

En los países cuyas gentes llegan a edades avanzadas, el ajo siempre ha ocupado un lugar destacado en la cocina. Originario de las zonas esteparias del sur de Asia, llegó al sur de Europa a través de China, la India y Oriente próximo, donde los romanos le dieron su nombre botánico actual, *Alium*. Desde entonces, en todos los países mediterráneos goza de gran popularidad y es apreciado por los cocineros de todo el mundo como condimento imprescindible de carnes, pescado y hortalizas a causa de su inigualable e intenso aroma.

Consejos prácticos

Las principales zonas de cultivo se encuentran en Italia, Francia y España. Una vez recolectado, los ajos maduros se atan junto con las hojas secas formando a veces ristras tan artísticamente trenzadas que en muchos casos se adquieren, aparte de sus aplicaciones culinarias, como motivo de decoración. Pero por mucho que adornen la casa, si pensamos usarlos en la cocina, no deben permanecer colgados durante demasiado tiempo,

pues no por eso mejora su aroma. Al contrario, acaban resecándose y convirtiéndose en polvo por su propia naturaleza. Los más aromáticos son los recién recolectados, que es, además, cuando menos olor dejan. De ese modo pueden utilizarse en mayores cantidades. Entre las personas que les gusta el ajo, no importa demasiado que el aliento les huela un poquito y para los más sensibles, siempre les queda el recurso de masticar perejil (o cualquier otra especia verde

La popularidad del ajo se ha extendido por todo el mundo. Si sus planes no incluyen el uso cotidiano del mismo, le aconsejo que compre los que necesite cada vez y no una ristra que acabaría secándose.

Ante una oferta semejante no le resultará difícil comprar los ajos más aromáticos y frescos.

que contenga mucha clorofila recomendada desde siempre para mantener un aliento fresco). También se pueden masticar unos granos de cilantro como hacen los árabes. También da buenos resultados beber un buen vaso de leche o de vino. En cuanto al olor a ajo en las manos, fróteselas bien con limón y sal, y acláreselas con agua fría; aplicándose luego una buena crema absorbente le quedarán suaves y tersas.

Las propiedades medicinales del ajo

Ningún científico niega ya hoy día las propiedades curativas del ajo. Es un hecho confirmado que el ajo actúa como importante agente antibiótico, es decir, combatiendo las bacterias nocivas para la salud. También se sabe que puede hacer bajar la tensión arterial, que estimula la digestión y previene la arteriosclerosis. Y todas estas beneficiosas propiedades las desarrolla al máximo precisamente cuando se consumen las cabezas frescas y enteras. La calidad de las píldoras de ajo no siempre es tan buena como se asegura, por lo que en muchos casos no pueden considerarse un buen sucedáneo.

Pero el ajo oculta también otras cualidades. Por supuesto que nadie cree que ahuyente a los vampiros y los espíritus malignos, pero de lo que no hay la menor duda es que constituye un eficaz producto natural contra los parásitos. Un par de dientes introducidos en la tierra junto a las rosas, las macetas o cualquier otra planta afectadas por los pulgones pueden dar resultados asombrosos. Y si al cabo de algún tiempo empiezan a crecer las hojas, dispondrá además de una excelente especia fresca que podrá utilizar como condimento, por ejemplo, el cebollino.

Cómo se compran los ajos

Adquiéralos donde suela comprar su verdura fresca: en el mercado, en los establecimientos que dispongan de una sección de fruta y hortalias bien surtida, limpia y ordenada. Y no compre nunca más de los que necesite para la semana. Compruebe si los bulbos están apretados y jugosos con la piel sedosa. La superficie del tallo (que es donde se ve si los ajos están frescos, ya que los secos apenas tienen un pequeño rabito) no debe estar seca o teñida. No importa que sean blancos o rosados. El sabor de estos últimos puede que sea un poco más suave. En algunas regiones se venden también ajos ahumados de aspecto ligeramente amarillento con un aroma característico que los convierte en auténtica especialidad, para comerlos bien picaditos sobre pan fresco o tostado.

La conservación

Guarde los ajos en un lugar seco, ventilado y no demasiado cálido, preferentemente en una cestita. En el frigorífico pierden aroma. Si desea conservarlos durante algún tiempo, debe pelar los dientes, meterlos en un frasco, cubrirlos de aceite y meter el frasco en la nevera. De ese modo, parte del aroma de los ajos es absorbido por el aceite y luego podrá usarlos conjuntamente, por ejemplo, para una ensalada de verano. La variedad de ajos más apropiada para este tipo de conservación es la de las zonas frías, por su sabor más intenso. Si utiliza aceite de oliva, no guarde el frasco en el frigorífico para evitar así que se formen copos de grasa.

La preparación previa del ajo

Primero quíteles la membrana de los bulbos, luego separe los dientes y pélelos si piensa

Para aplastar los ajos use como base siempre la misma tabla.

El ajo conservado en aceite aumenta las posibilidades de uso de ambos ingredientes.

utilizarlos enteros. Si los pasa por la picadora puede dejarles la piel más fina que los recubre, ya que ésta quedará dentro. Para pelarlos con más facilidad debe asustarlos primero, es decir, escaldarlos con agua caliente. Pero sólo durante unos segundos, o de lo contrario, perderán parte de su aroma. Este procedimiento resulta especialmente práctico cuando la receta lleva muchos ajos, ya que ahorra bastante tiempo. De no hacerlo así, tenga en cuenta el tiempo que le llevará pelarlos. También puede ponerlos a remojo en agua fría durante media hora o calentarlos brevísimamente en el microondas. Si al picarlos encuentra un pequeño brote en el interior (señal de que no están muy frescos), quítelo con la punta de un cuchillo, pues puede resultar amargo. Resultan más aromáticos y sabrosos crudos y finamente picados. También puede aplastarlos sobre la tabla de cocina con un cuchillo pesado de hoja ancha como hacen los cocineros profesionales. De ese modo se ahorra mucho tiempo. Prensados los ajos dan un poquito menos de sabor por los residuos que quedan en la prensa. Si desea que resulten aún más suaves, deberá machacarlos y cocerlos mezclados con los demás ingredientes. Si los fríe, el aceite no deberá estar demasiado caliente para que no se quemen y amarguen. Si lo que desea es solamente un toque de ajo, cueza los dientes enteros sin pelar o rehóguelos y retírelos antes de servir.

Todo lo que usted puede hacer con el ajo

No deje de probar un truco de los cocineros del sur de Francia: envuelva los dientes de ajo enteros y pelados en papel de aluminio y déjelos en el horno junto al asado (por ejemplo, una pierna de cordero) hasta que se ablanden. De ese modo podrá extenderlos sobre el pan como la mantequilla y su sabor no es tan fuerte. Untando pequeños cuadraditos de pan puede servirlos como aperitivo o guarnición de un plato de carne. El puré de ajos puede usarlo también para rellenar pequeños volovanes o pequeños buñuelos. Mezclándolo con nata y un poquito de sal y pimienta, obtendrá una exquisita salsa. Algo sumamente sencillo y que siempre gusta: pan recién tostado (a poder ser pan de pueblo o de hogaza) bien frotado con un diente de ajo partido por la mitad. O cortar unos trozos de pan de barra (pan francés) en rebanadas finas sin que lleguen a desprenderse, poner entre ellas unas rodajitas de ajo crudo y meter la barra en el horno (y si además añade unos copos de mantequilla entre las rebanadas, tanto mejor sabrán).

Pero todo esto no es más que una pequeña muestra de lo que usted puede hacer con el ajo. Vea ahora las recetas que he seleccionado en este libro y se sorprenderá.

Según lo prefiera y los útiles de que disponga, los ajos puede picarlos, cortarlos, machacarlos o aplastarlos.

7

Sopa de almendras y ajo

Una especialidad típica de la soleada Andalucía

Ingredientes para 4 personas:

8 dientes de ajo

2 cucharadas de mantequilla

150 g de almendras picadas y molidas

1 l de caldo de gallina

8 uvas negras

Sal

Pimienta blanca recién molida

1 pizca de nuez moscada recién rallada

2 cucharadas de zumo de limón

$1/2$ ramillete de tomillo

Especialidad Exquisita

Por persona:
1.300 kj/310 kcal
9 g de proteínas · 27 g de grasas
27 g de hidratos de carbono

● Se tarda, en total, 50 minutos.

1. Pelar los ajos y cortarlos en lonchitas diagonales finas.

2. Calentar la mantequilla en una cazuelita y dorar los ajos a fuego lento. Añadir las almendras y dorarlas ligeramente. Regar con el caldo y cocer tapado 25 minutos a fuego lento.

3. Mientras, lavar las uvas, cortarlas a la mitad y quitar las pepitas.

4. Sazonar la sopa son sal, pimienta, nuez moscada y el zumo de limón.

5. Servir la sopa en platos o terrinas y adornar con las uvas y las hojitas de tomillo.

Sopa de ajo y nata gratinada

Si desea que la sopa sacie más el apetito, utilice 2 rodajas de pan por persona y algo más de queso.

Ingredientes para 4 personas:

1 cebolla mediana

2 cucharadas de mantequilla

12 dientes de ajo

2 cucharadas de harina

$3/4$ l de caldo de carne

250 g de doble crema

4 rebanadas de pan blanco francés, de 1 cm de grosor

Sal

Pimienta negra recién molida

1 pizca de nuez moscada recién rallada

1 cucharada de zumo de limón

2 cucharadas de queso Emmenthal recién rallado

1 cucharadita de orégano

Fácil Refinada

Por persona:
630 kj/150 kcal
5 g de proteínas · 8 g de grasa
14 g de hidratos de carbono

● Se tarda, en total, 45 minutos.

1. Pelar y picar la cebolla y rehogarla en la mantequilla hasta que esté glaseada. Añadir los ajos pelados y cortados en cuartos a la larga y rehogarlos con la cebolla.

2. Incorporar la harina y dejar que tome color. Agregar el caldo y la crema, y cocer tapado 20 minutos a fuego medio.

3. Calentar el horno a 250 °C o precalentar el grill

4. Tostar las rodajas de pan.

5. Hacer un puré con la batidora eléctrica y sazonar con sal, pimienta, nuez moscada y zumo de limón. Pasarla por el chino y servirla en 4 terrinas. Poner el pan encima y espolvorearlo con el queso rallado. Meter al horno (centro) y gratinar hasta que se funda el queso. Antes de servirla espolvorear con un poco de orégano.

Estas sopas nos muestran lo exquisito e insólito que puede ser el uso del ajo en la cocina. En la foto superior la sopa de almendras y ajo; en la inferior sopa de ajo y nata gratinada.

Puré de lentejas rojas a la crema

Las lentejas rojas pueden adquirirse en establecimientos dietéticos, hipermercados y tiendas de productos orientales.

Ingredientes para 4 personas:
1 puerro mediano
2 cucharadas de mantequilla
4 dientes de ajo
$1/_8$ l de vino blanco seco
200 g de lentejas rojas
1 l de caldo de verdura
Sal
Pimienta recién molida
1 pizca de pimienta de Cayena
1 cucharada de zumo de limón
125 g de nata
Unas hojitas de perifollo para el adorno

Para sus invitados
Elaborada

Por persona:
3.600 kj/860 kcal
14 g de proteínas · 73 g de grasas
30 g de hidratos de carbono

● Se tarda, en total, 45 minutos.

1. Limpiar y lavar el puerro, cortarlo a la larga y luego en rodajitas aprovechando también la parte verde clara.

2. Calentar la mantequilla en una cazuela y rehogarlo.

3. Pelar los ajos y prensarlos sobre el puerro.

4. Regar con el vino blanco y cocer hasta reducir el líquido.

5. Añadir las lentejas y el caldo. Cocer la sopa 20 minutos aproximadamente hasta que las lentejas estén tiernas. Sazonar con sal y pimienta de Cayena.

6. Hacer un puré con la batidora eléctrica, pasarlo por el chino y dejar que dé un hervor de nuevo. Agregar el zumo de limón y rectificar de sal

7. Batir la nata a punto de nieve.

8. Servir la sopa en 4 platos y poner en cada uno un copete de nata y unas hojitas de perifollo.

Procedentes de Asia, las lentejas fueron introducidas en Europa por los romanos desde Egipto. Su nombre botánico es *lens culinaris*. Para esta receta he elegido las «rojas», porque, a diferencia de las variedades comunes, no necesitan ponerse a remojo y cuecen en muy poco tiempo. Las importadas de la India y Turquía viene sin cáscara. Su aroma es muy discreto y admite condimentos fuertes como es el caso del ajo. Al cocerlas cambian de color y se vuelven amarillas, por lo que en muchas regiones se conocen también como «lentejas amarillas».

Dado que las lentejas rojas varían su color durante la cocción, el puré de lentejas rojas a la crema es más bien amarillo después de hecho y su aspecto es muy apetitoso.

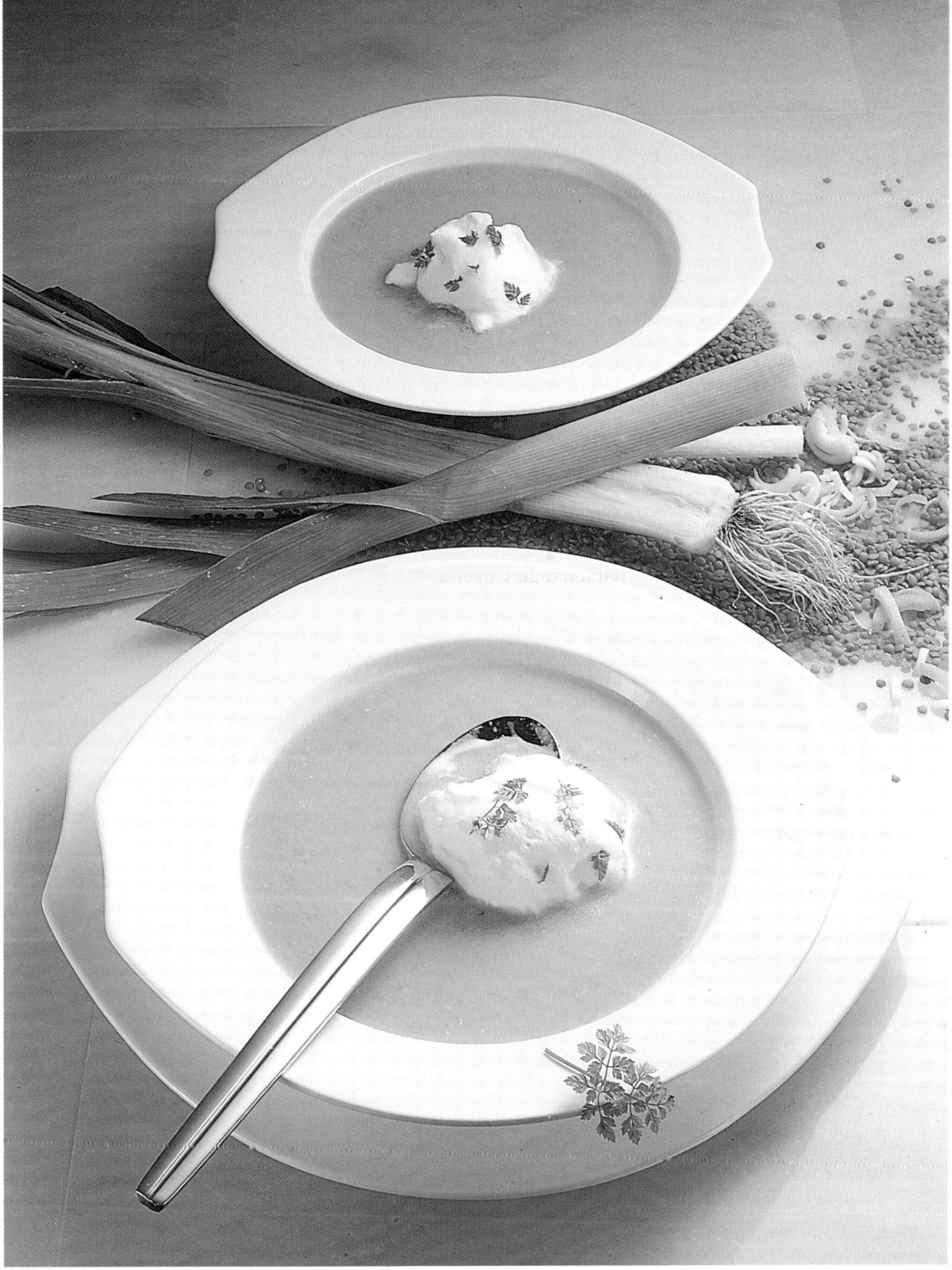

Romanesco

Una salsa con abundante ajo que puede servirse caliente o fría, con pescado a la cazuela o frito, con carne, huevos o como salsa de fondue.

Ingredientes para 4 personas:
1 tomate grande
1 pimiento rojo
$1/_8$ l de aceite de oliva
6 dientes de ajo
2 cucharadas de almendras molidas
1 cucharada de pan rallado
Sal
Pimienta negra recién molida
1 pizca de pimentón picante
1 ramillete de perejil

Especialidad española Elaborada

Por persona:
1.400 kj/330 kcal
3 g de proteínas · 34 g de grasas
7 g de hidratos de carbono

● Se tarda, en total, 40 minutos.

1. Escaldar el tomate, pelarlo, quitarle las pepitas y picarlo. Lavar el pimiento, quitarle las semillas y pieles interiores, y cortarle en dados muy pequeñitos.

2. Calentar el aceite en una cazuela y rehogar el pimiento y el tomate, añadir el ajo prensado y dejar estofar todo durante 20 minutos a fuego medio hasta que los ingredientes estén bien unidos.

3. Hacer un puré con la verdura frita, las almendras y el pan rallado y sazonarlo con sal, pimienta y pimentón.

4. Lavar el perejil, secarlo sacudiéndolo, picarlo bien fino y mezclarlo con el puré obtenido.

Puré de ajo

Puede servirse también como salsa para cordero o pescado.

Ingredientes para 4 personas:
3 cabezas de ajo
2 cucharadas de mantequilla
Sal
Pimienta negra recién molida
1 cucharadita de hojas de tomillo fresco
(o $1/_2$ cucharadita de tomillo seco)

Fácil

Por persona:
520 kj/120 kcal
3 g de proteínas · 6 g de grasas
14 g de hidratos de carbono

● Se tarda, en total, 30 minutos.

1. Desprender los dientes de ajo de las cabezas, pelarlos y ponerlos en una cazuela. Añadir agua fría hasta cubrirlos. Llevar a ebullición y cocer 3 minutos muy suavemente.

2. Quitar el agua y cubrirlos de nuevo con agua fría. Cocer como ya hemos dicho anteriormente y repetir la operación cinco veces.

3. Escurrirlos y mezclarlos con la mantequilla. Hacer un puré y sazonarlo con sal, pimienta y tomillo. Conservarlo en sitio fresco.

Mantequilla de ajo

Ingredientes para 4 personas:
125 g de mantequilla fresca
6 dientes de ajo
Sal
Pimienta blanca recién molida
1 cucharadita de zumo de limón

Rápida

Por persona:
1.000 kj/240 kcal
1 g de proteínas · 26 g de grasas
2 g de hidratos de carbono

● Se tarda, en total, 8 minutos.

1. Poner la mantequilla en un recipiente hondo. Añadir los ajos pelados y prensarlos. Salpimentar la masa y añadir el zumo de limón.

2. Mezclar bien todo con un tenedor y meter al frigorífico hasta que esté en su punto para untar.

Guarniciones picantes y exquisitas, y salsas especiales para toda clase de ocasiones. Puré de ajo (en primer término a la izquierda), mantequilla de ajo (en primer término a la derecha) y Romanesco (detrás).

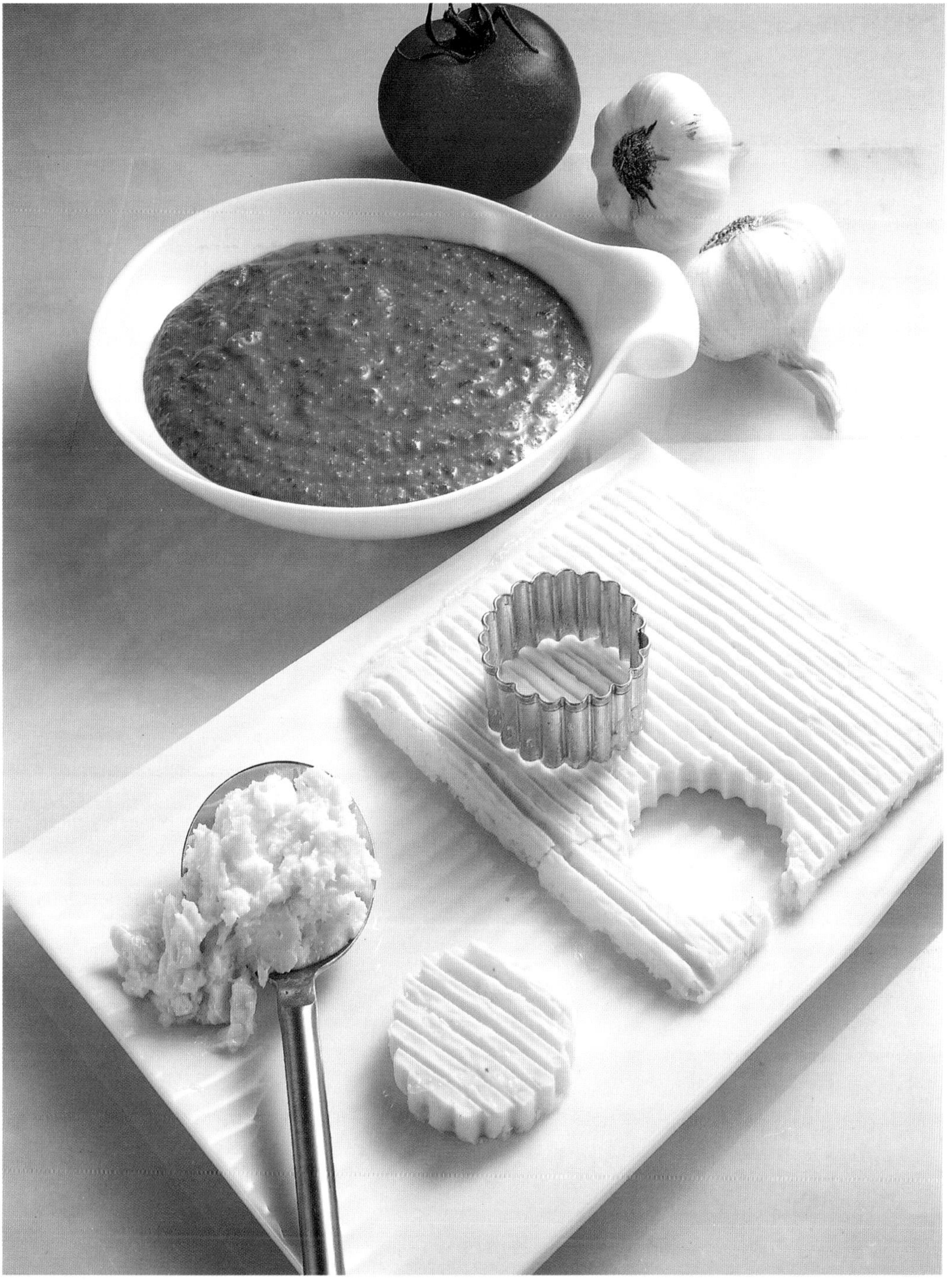

Pesto genovese

Salsa de albahaca con piñones.

El pesto es una salsa de hierbas típica de Liguria. Como mejor sabe es utilizando la albahaca cultivada en el campo. Muy importantes es también la calidad del aceite de oliva. El más adecuado es el prensado en frío y sin refinar, el aceite virgen, que es el que debe utilizarse, pues un plato es bueno si sus ingredientes lo son. Esta salsa genovesa es ideal para servir con toda clase de pasta, pero también con carne cocida, pescados y aves. Si se añade una cucharada de pesto a una sencilla ensalada, su sabor recibe un toque especial. Esta salsa puede prepararse y conservarse 6 semanas en el frigorífico.

Ingredientes para 6 personas:

3-4 ramilletes de albahaca fresca

$^1/_2$ cucharadita de sal

4 dientes de ajo

2 cucharadas de piñones

$^1/_8$ l de aceite de oliva virgen

80 g de queso parmesano recién rallado

Pimienta negra recién molida

Especialidad italiana

Por persona:
1.200 kj/290 kcal
6 g de proteínas · 27 g de grasas
2 g de hidratos de carbono

● Se tarda, en total, 15 minutos.

1. Lavar la albahaca, secarla, desprender las hojas del tallo y picarlas.

2. Ponerlas en una fuente honda y espolvorearlas con sal. Añadir el ajo prensado.

3. Moler los piñones y añadirlos.

4. Agregar el aceite muy despacio hasta formar una pasta espesa. Finalmente incorporar el queso rallado poco a poco y remover. Sazonar la salsa con pimienta.

Crema de berenjenas con queso de oveja

Esta sabrosa crema es llamada también «Caviar de berenjena». En Turquía y Grecia se sirve junto con otros entremeses y forma parte de los más famosos aperitivos de dichos países.

Ingredientes para 4 personas:
2 berenjenas de 300 g
3 cucharadas de aceite de oliva
4 dientes de ajo
250 g de queso de oveja
1 cucharada de zumo de limón
Sal
Pimienta negra recién molida
1 cucharadita de orégano fresco
(o $^1/_2$ cucharadita de orégano seco)

Especialidad turca

Por persona:
1.100 kj/260 kcal
11 g de proteínas · 20 g de grasas
7 g de hidratos de carbono

● Se tarda, en total, 1 hora y 10 minutos.

1. Calentar el horno a 220 ºC. Lavar las berenjenas y cortarlas por la mitad a lo largo. Pincelar el corte con aceite de oliva.

2. Cubrir la bandeja del horno con papel de aluminio poniendo la parte brillante hacia arriba. Colocar las berenjenas con el corte hacia abajo, meterlas al horno (centro) y cocerlas 30 minutos.

3. Sacarlas y quitarles el pedúnculo. Pelar los ajos y hacerlos puré con las berenjenas y el queso.

4. Sazonar la crema de berenjenas con sal, pimienta y orégano y enfriarla 30 minutos antes de servirla.

Tzatzíki
Yogur con pepino y ajo

Ingredientes para 4 personas:

1 pepino

450 g de yogur

4 dientes de ajo

1 cucharada de oliva

Sal

Pimienta negra recién molida

1 ramillete de eneldo

Receta famosa

Por persona:
490 kj/120 kcal
5 g de proteínas · 7 g de grasas
9 g de hidratos de carbono

● Se tarda, en total, 15 minutos.

1. Pelar el pepino, cortarlo por la mitad a lo largo y sacar las pepitas con una cuchara. Rallarlo grueso y escurrirlo bien en un paño de cocina.

2. Batir el yogur en una fuente hasta dejarlo fino.

3. Prensar los ajos previamente pelados. Añadir el aceite, salpimentar y mezclarlos con el pepino rallado.

4. Lavar y secar el eneldo, picar las hojas y mezclarlas con la pasta de pepino. Conservar en sitio fresco hasta su uso y rectificar de sal y pimienta si es necesario.

Salsa de pan y ajo con nueces

Ingredientes para 4 personas:

2 panecillos del día anterior

6 dientes de ajo

4 cucharadas de aceite de oliva

2 cucharadas de vinagre de vino

Sal

Pimienta recién molida

1 ramillete de perejil

2 cucharadas de nueces picadas

6 aceitunas negras

Especialidad chipriota

Por persona:
720 kj/170 kcal
3 g de proteínas · 15 g de grasas
8 g de hidratos de carbono

● Se tarda, en total, 30 minutos.

1. Remojar los panecillos en agua de 15 a 20 minutos.

2. Pelar los ajos y ponerlos prensados en un recipiente.

3. Exprimir bien los panecillos y añadirlos al ajo junto con el aceite y el vinagre. Mezclar todo bien y salpimentar al gusto.

4. Lavar y secar el perejil y picarlo semifino. Añadirlo con las nueces a la salsa.

5. Servir la salsa en una fuente y adornar con las aceitunas.

Alioli
Mayonesa al ajo

Este alioli provenzal está indicado como salsa para untar, como salsa de fondue o como guarnición de verdura, pescado o carne.

Ingredientes para 4 personas:

4 dientes de ajo

2 yemas de huevo

Sal

$1/2$ cucharadita de mostaza picante

$1/4$ l de aceite de oliva virgen

3 cucharadas de zumo de limón

Pimienta recién molida

Receta famosa Refinada

Por persona:
2.500 kj/600 kcal
2 g de proteínas · 65 g de grasas
2 g de hidratos de carbono

● Se tarda, en total, 10 minutos.

1. Pelar los ajos, prensarlos y ponerlos en un recipiente hondo. Añadir las yemas, batir y sazonar con sal y mostaza.

2. Añadir el aceite a chorro finísimo y seguir batiendo hasta obtener una mayonesa cremosa.

3. Sazonar el alioli con zumo de limón y pimienta.

Salsas famosas como complemento de carnes o pescados a la parrilla: Alioli (en primer término), salsa de pan y ajo con nueces (centro) y Tzatzíki (detrás).

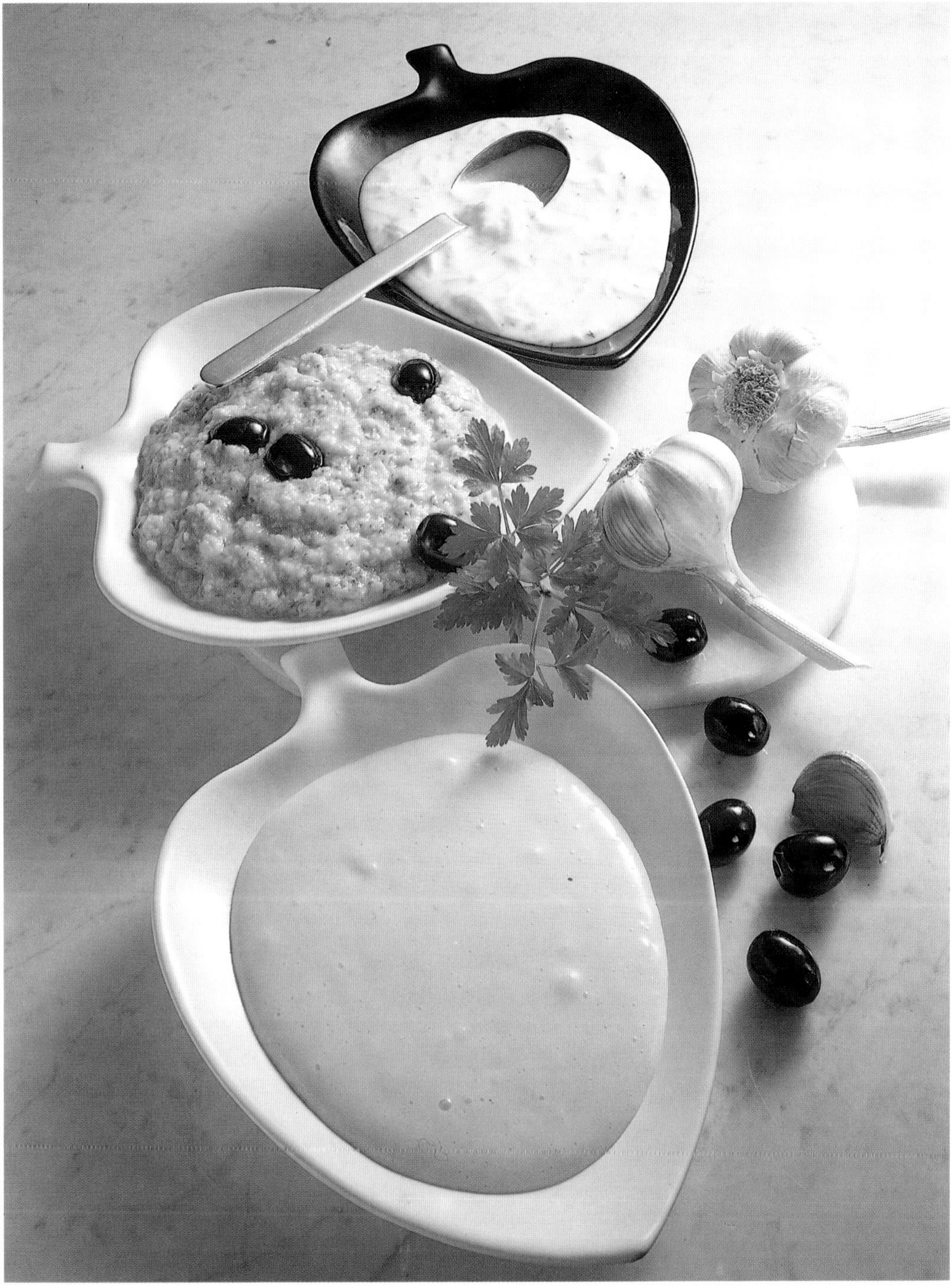

Pan francés al ajo

Ingredientes para 4 personas:

150 g de mantequilla blanda

6 dientes de ajo

1 ramillete de perejil

Sal

Pimienta blanca recién molida

1 pizca de pimienta de Cayena

1 chispa de Jerez seco

1 barra de pan francés

Fácil
Refinada

Por persona:
2.500 kj/600 kcal
11 g de proteínas · 33 g de grasas
63 g de hidratos de carbono

● Se tarda, en total, 30 minutos.

1. Poner la mantequilla en una fuente honda y añadir el ajo pelado y prensado.

2. Lavar y secar el perejil, picarlo fino y añadirlo. Sazonar la mantequilla con sal, pimienta, pimienta de Cayena y Jerez. Mezclar todo bien y mantener en sitio fresco.

3. Calentar el horno a 200 °C.

4. Hacer unos cortes en el pan a intervalos de 1,5 cm. Introducir en los mismos un copo de mantequilla de ajo.

5. Envolver el pan en papel de aluminio y hornearlo (en el centro) 15 minutos. Debe servirse caliente.

Pan con ajo y aceite a la italiana

En la región cercana a Roma se le llama «Bruschetta» y en la Toscana «Fettunta», que significa rebanada aceitada.

Ingredientes para 4 personas:

4 dientes de ajo

8 rebanadas de pan blanco de pueblo de 1 cm de grosor

8 cucharadas de aceite de oliva virgen

Sal

Pimienta negra recién molida

Receta famosa

Por persona:
1.100 kj/260 kcal
4 g de proteínas · 17 g de grasas
25 g de hidratos de carbono

● Se tarda, en total, 15 minutos.

1. Pelar los ajos y cortarlos por la mitad a lo largo.

2. Tostar el pan hasta que esté dorado, y aún caliente, frotarlo enérgicamente con los ajos.

3. Rociar las rebanadas de pan con aceite, salpimentarlas y consumir rápidamente.

Sugerencia

Para que las rebanadas de pan estén siempre calientes al servirlas prepárelas una tras otra.

Pan con ajo y tomate

Ingredientes para 4 personas:

1 tomate bien maduro

3 cucharaditas de aceite de oliva

Sal

Pimienta recién molida

4 dientes de ajo

8 rebanadas de pan blanco de pueblo, de 1 cm de grosor.

Especialidad española

Por persona:
710 kj/170 kcal
5 g de proteínas · 5 g de grasas
27 g de hidratos de carbono

● Se tarda, en total, 25 minutos.

1. Escaldar los tomates, pelarlos, quitarles las semillas y picarlos. Mezclarlos con aceite, sal y pimienta.

2. Pelar los ajos y cortarles por la mitad a lo largo.

3. Tostar el pan y frotarlo bien con los ajos.

4. Poner los tomates sobre las rebanadas y servir. Recomendamos servirlas calientes, están más sabrosas.

Variaciones de ajo con pan blanco: Pan francés al ajo (a la izquierda), pan con ajo y aceite a la italiana (centro, derecha) y pan con ajo y tomate (detrás).

Pan con ajo a los dos quesos

Puede servirse como tapa, con vino o cerveza y también como tentempié para tomar entre horas.

Ingredientes para 4 personas:
1 barra de pan francés
8 dientes de ajo
150 g de queso Mozzarella
2 cucharadas de queso Emmenthal recién rallado
1 ramillete de perejil
2 cucharadas de mantequilla blanda
$^{1}/_{2}$ cucharadita de sal
1 pizca de pimienta recién molida
Nuez moscada recién rallada

Fácil
Económica

Por persona:
2.000 kj/480 kcal
20 g de proteínas · 15 g de grasas
63 g de hidratos de carbono

● Se tarda, en total, 30 minutos.

1. Hacer en la barra de pan un corte lateral y extraer con cuidado la miga.

2. Pelar los ajos y prensarlos sobre un recipiente hondo. Cortar la Mozzarella en lonchas y luego en dados y añadirlo al ajo junto con el Emmenthal rallado.

3. Lavar y secar el perejil, picarlo fino y añadirlo con la mantequilla al recipiente con los quesos. Mezclar todo bien y sazonar con sal, pimienta y nuez moscada. Calentar el horno a 200 °C. Rellenar el pan con la mezcla y luego cortarlo en rodajas transversales de 2 cm de grosor.

4. Cubrir una bandeja de horno con papel de aluminio y colocar encima el pan. Hornearlo 10 minutos en el centro y servirlo bien caliente.

Sugerencia

Puede preparar el pan con antelación y conservarlo en el frigorífico.
A la hora de servirlo sólo tiene que meterlo al horno y disfrutar de su sabor.

Manteca de ajo y calabacín

Esta aromática manteca es un buen complemento para un bufé frío, para tomar a media mañana o sencillamente así, untada en pan fresco de pueblo.
El tocino fresco y la grasa de riñonada se utilizan también para la elaboración de pasteles salados.

Ingredientes para 4 terrinas de $^1/_4$ de litro:

250 g de grasa de riñonada de cerdo
250 g de tocino fresco
1 hoja de laurel
1 clavo de especia
2 bayas de enebro
300 g de calabacines
8 dientes de ajo
Sal
Pimienta negra recién molida
1 pizca de pimienta de Cayena

Exquisita

Por terrina:
3.700 kj/880 kcal
10 g de proteínas · 92 g de grasas
4 g de hidratos de carbono

● Se tarda, en total, 40 minutos.

1. Cortar la grasa y el tocino en dados pequeños y freírlos a fuego medio 20 minutos hasta que estén transparentes. Luego añadir el laurel, el clavo y las bayas de enebro.

2. Lavar los calabacines y cortarlos en dados pequeños. Pelar los ajos y cortarlos en lonchitas transversales.

3. Añadir al tocino el ajo y los calabacines, y rehogar 10 minutos más hasta que se hayan unido bien todos los ingredientes. Sazonar abundantemente con sal, pimienta y pimienta de Cayena.

4. Rellenar la manteca en un recipiente grande o en 4 terrinas de $^1/_4$ l de contenido y dejar que enfríe del todo.

Queso de oveja marinado

5 dientes de ajo

1 cucharadita de tomillo seco

1 cucharadita de orégano seco

1 ramillete de albahaca

1 ramillete de perejil

100 cc de aceite de oliva virgen

Sal

Pimienta negra recién molida

500 g de queso de oveja en 2 lonchas

Para invitados

En total:
9.300 kj/2.200 kcal
73 g de proteínas
210 g de grasas
7 g de hidratos de carbono

● Se tarda, en total, 1 ¹/₄ horas.

1. Pelar los ajos y prensarlos sobre una fuente. Añadir el tomillo y el orégano, y mezclarlo bien.

2. Lavar la albahaca y el perejil, secarlos y picarlos. Mezclar con el aceite y añadir el ajo. Salpimentar al gusto.

3. Colocar las lonchas de queso en una fuente y rociarlo con la marinada. Taparlo y dejar que repose 1 hora en el frigorífico. Dándole la vuelta dos veces.

Tomatillos con ajo

Un regalo sabroso de la propia cocina. Se conserva 6 meses y es apropiado para acompañar fritos y también como entremés.

Ingredientes para un tarro de ³/₄ l:

500 g de tomates muy pequeños

10 dientes de ajo

³/₈ l de vinagre de vino blanco

1 cucharada de pimienta verde en grano

1 ramita de orégano fresco (o 1 cucharadita de seco)

1 cucharadita de sal

Fácil

En total:
650 kj/150 kcal
8 g de proteínas · 1 g de grasas
28 g de hidratos de carbono

● Se tarda, en total, 15 minutos.

1. Lavar bien los tomates y secarlos.

2. Pelar los ajos, cortarlos a la mitad a lo largo y ponerlos en un tarro de cristal junto con los tomates colocándolos en capas.

3. Poner en una cazuela el vinagre con ¹/₈ l de agua, los granos de pimienta, el orégano y la sal y llevar a ebullición. Verter el líquido hirviendo sobre los tomates y cerrar el tarro.

Knobatzer

Mi receta de Knobatzer (pan con queso y ajo) es una variante del Obatzer bávaro con abundante ajo.

Ingredientes para 4 personas:

300 g de queso Camembert curado

50 g de mantequilla blanda

4 dientes de ajo

2 cucharadas de vino blanco seco

Sal

Pimienta negra recién molida

1 pizca de nuez moscada recién rallada

1 cucharada de pistachos picados

Refinada

Por persona:
1.400 kj/330 kcal
17 g de proteínas · 29 g de grasas
2 g de hidratos de carbono

● Se tarda, en total, 10 minutos.

1. Aplastar el Camembert con un tenedor y mezclarlo con la mantequilla.

2. Pelar los ajos, prensarlos y añadirlos al queso. Mezclar todo con el vino blanco y sazonar fuerte con sal, pimienta y nuez moscada.

3. Finalmente incorporar los pistachos. Mantenerlo en sitio fresco hasta su uso.

Queso de oveja marinado (en la parte superior) y Knobatzer (en la parte inferior). Los tomatillos con ajo, (en el centro) es un plato sabroso y fácil de preparar.

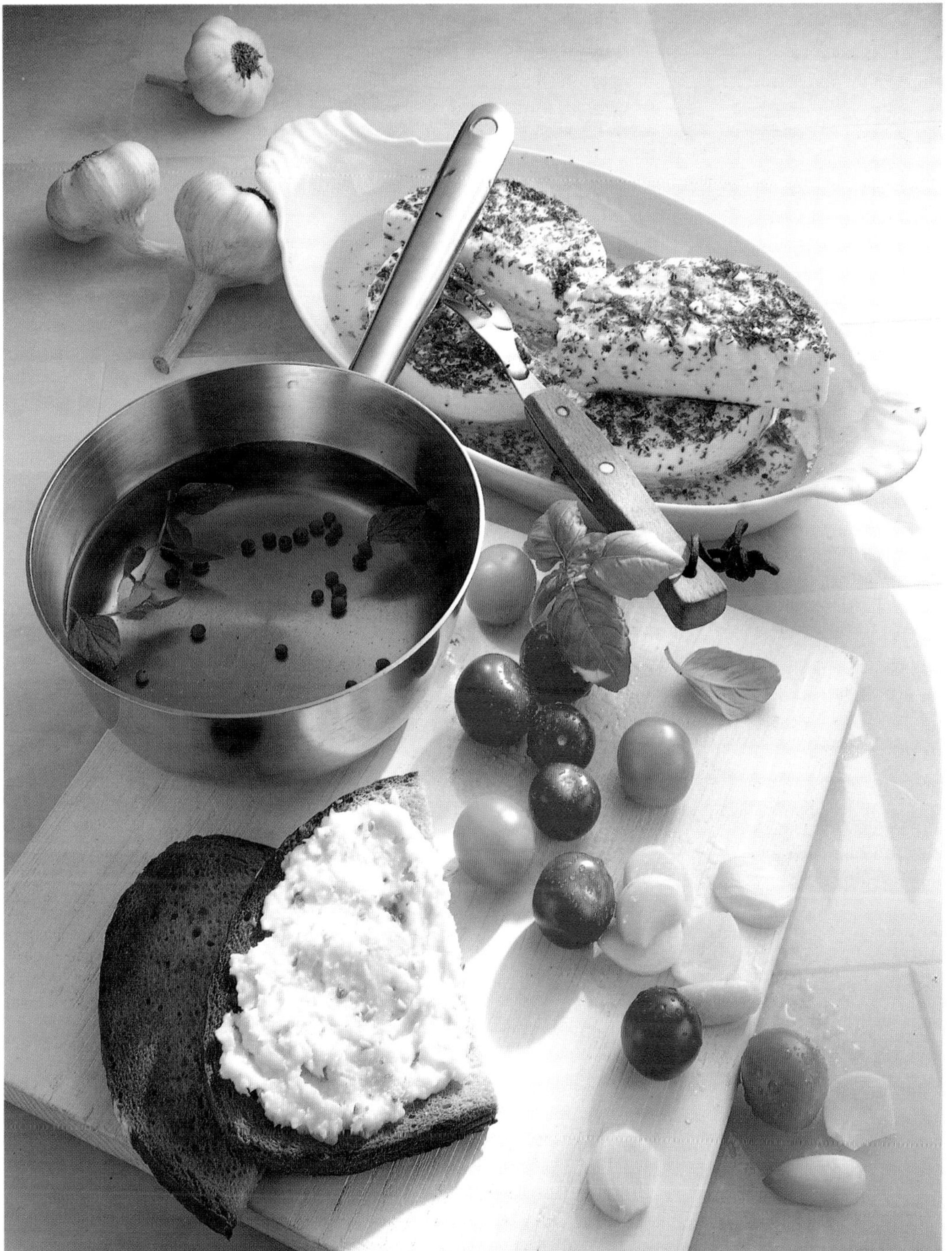

Ajo a las hierbas

Indicado como guarnición de carne a la parrilla o frita. Especialmente bueno con cordero lechal o en ensaladas.

Ingredientes para 4 personas:

5 cabezas de ajos frescos (300 g)

3 cucharadas de mantequilla

4 cucharadas de aceite de oliva

2 ramitas de romero fresco

2 ramitas de tomillo fresco

1 hoja de laurel

$^1/_2$ cucharadita de sal

1 cucharadita de pimienta negra recién molida

$^1/_8$ l de vino blanco seco

Económica

Por persona:
1.100 kj/260 kcal
5 g de proteínas · 14 g de grasas
22 g de hidratos de carbono

● Se tarda, en total, 30 minutos.

1. Separar los dientes de ajo de las cabezas y pelarlos.

2. Calentar la mantequilla a punto de espuma, añadir el aceite y calentarlo.

3. Añadir los ajos y rehogarlos removiendo.

4. Agregar el romero, el tomillo y el laurel, salpimentar y dejar que se hagan 3 minutos. Regar con el vino, tapar y cocer 15 minutos hasta que estén tiernos.

Sugerencia

Para esta receta deben utilizarse exclusivamente ajos muy tiernos, ya que son aromáticos pero su olor no es muy intensivo.

Ajos agridulces

Ingredientes para 4 tarros de 0,25 l:

20 cabezas de ajos tiernos de nueva cosecha

2 cucharadas de sal

$^1/_4$ l de vinagre de vino blanco

$^1/_2$ l de vino blanco seco

$^1/_2$ l de agua

2 hojas de laurel

Tomillo, romero y orégano frescos (1 ramita de cada)

4 cucharadas de miel

2 cucharadas de pimienta verde en grano

2 cucharadas de pimienta roja (guindilla en grano)

$^1/_4$ l abundante de aceite de oliva virgen

Fácil

Por tarro:
2.500 kj/600 kcal
18 g de proteínas · 13 g de grasas
93 g de hidratos de carbono

● Se tarda, en total, 1 hora y 20 minutos.

1. Pelar los ajos y ponerlos en una cazuela cubiertos de agua. Espolvorearlos con 1 cucharada de sal y llevar a ebullición. Escurrirlos y dejar enfriar del todo.

2. Mezclar en una cazuela la sal sobrante con el vinagre, el vino y el agua. Añadir el laurel, el tomillo, el romero, el orégano y, por último, la miel removiendo todo bien. Dejar que hierva suavemente 10 minutos. Mientras enjuagar los tarros con agua caliente.

3. Rellenar los tarros con los dientes de ajo y espolvorearlos con las pimientas roja y verde. Regarlos con el líquido caliente pasado por un tamiz procurando que los ajos queden cubiertos. Dejar enfriar y poner finalmente una capa de aceite de oliva.

4. Cerrar los tarros y dejarlos reposar, por lo menos, durante 4 semanas.

Foto de la izquierda: Ajo a las hierbas.
Foto de la derecha: Ajos agridulces.

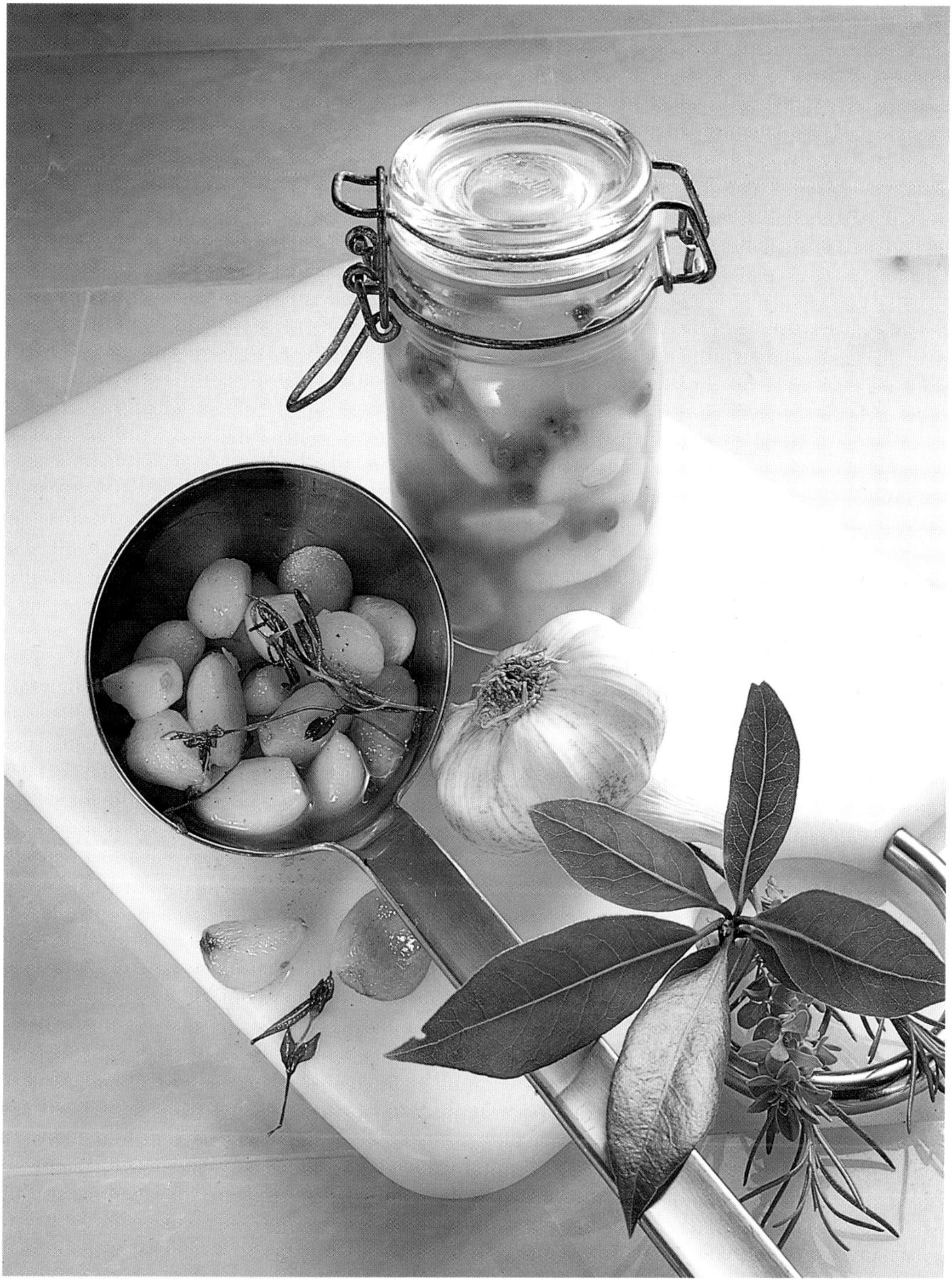

Rosca rellena de ajo y hierbas

Esta sabrosa rosca es muy apropiada para meriendas campestres, fiestas caseras o para la merienda del domingo en compañía de la familia o de amigos.

Ingredientes para un molde de corona de 26 cm de Ø:

Para la masa:

400 g de harina

40 g de levadura, prensada

1 cucharadita de azúcar

1 pizca de sal

$^1/_4$ l escaso de leche templada

100 g de mantequilla

Para el relleno:

Cebollino, albahaca y perejil (2 ramilletes de cada)

$^1/_2$ manojo de cebolletas

300 g de queso de oveja

3 yemas de huevo

1 huevo

150 g de crema fresca

8 dientes de ajo

Pimienta negra recién molida

Para el molde:

grasas y 2 yemas para untar la rosca

Para invitados
Exquisita

En una rosca para 8 personas, por persona:
2.200 kj/520 kcal
6 g de proteínas · 32 g de grasas
42 g de hidratos de carbono

● Se tarda, en total, 2 $^1/_2$ horas.

1. Para la masa poner la harina en un recipiente hondo y hacer un hueco en el centro, introduciendo en él la levadura desmenuzada. Añadir azúcar, sal, la mitad de la leche templada y un poco de harina formando con todo una masa previa. Taparla y dejar que se eleve en un lugar caliente hasta que aumente al doble su volumen.

2. Añadir después la mantequilla en copos y la leche sobrante formando con todo una masa suave. Taparla y dejar que repose 30 minutos más.

3. Para el relleno lavar las hierbas y picarlas finamente. Limpiar las cebolletas, lavarlas y picarlas.

4. Calentar el horno a 180 ℃.

5. Desmenuzar el queso y mezclarlo con las hierbas, las yemas, el huevo y la crema fresca. Pelar los ajos, prensarlos y añadirlos al queso. Sazonar con pimienta.

6. Estirar la masa con el rodillo y formar con ella un rectángulo. Cubrirlo con el relleno dejando libre un borde. Enrollarlo.

7. Engrasasr el molde y colocar la rosca dentro. Batir las 2 yemas y pincelar con ellas la superficie de la rosca. Hornearla 1 hora en la bandeja central. Si se pusiera demasiado tostada antes de concluir la cocción cubrirla con papel de aluminio. Puede servirse caliente o fría.

Variante:

El relleno puede prepararse también con verduras. En ese caso habría que reducir la cantidad de queso y de finas hierbas. En lugar de 300 g de queso de oveja se toman solamente 200 g, y la mitad de las hierbas. En su lugar 200 g de calabacines, zanahorias, puerros o cebolletas. Se hacen como sigue: Rallar los calabacines y las zanahorias peladas y rehogarlo en 2 cucharadas de mantequilla durante 8 minutos. Salpimentarlo al gusto y mezclarlo con el queso. Lavar los puerros o cebolletas y blanquearlos en agua hirviendo con sal, pasarlos por agua fría y escurrirlos. En lugar de queso de oveja puede utilizarse también un Roquefort fuerte, o ambas clases de queso a partes iguales. A quien le guste aún más sabroso puede mezclar con la verdura un poco de tocino o tiras de salami (unos 100 g). En este caso debe tenerse mucho cuidado con la sal.

La rosca de la fotografía lleva un relleno de queso de oveja, hierbas, huevos y crema fresca, y naturalmente ajo abundante.

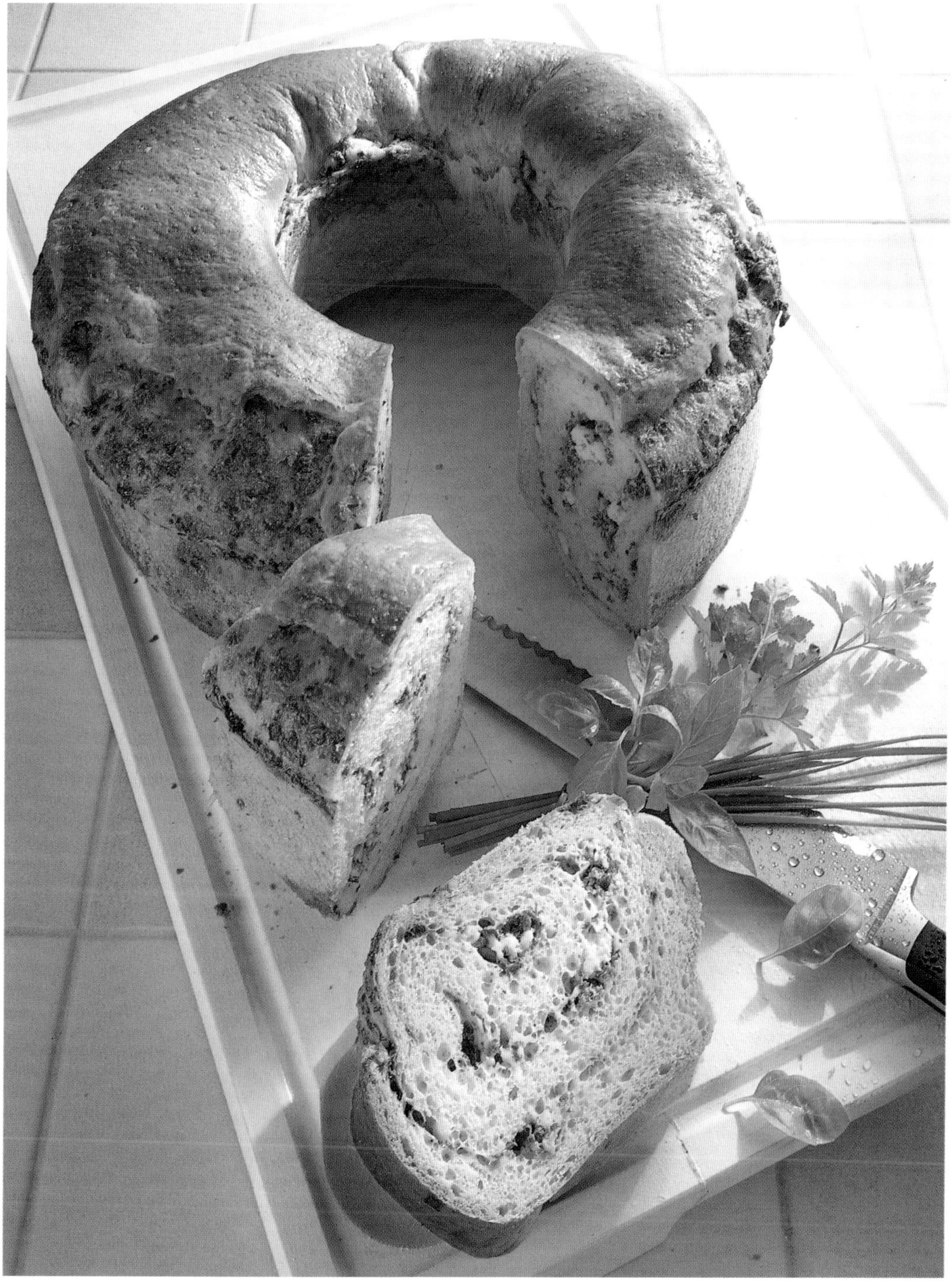

Ensalada de couscous

Una variante tipo ensalada del plato nacional tunecino. Muy apropiado para reuniones con familiares o amigos.

Ingredientes para 4 personas:
2 limones
2 cucharadas de aceite de oliva
$^1/_4$ l de zumo de tomate
6-8 dientes de ajo (según el tamaño)
200 g de sémola de couscous
1 pepino
1 pimiento amarillo
2 tomates carnosos
Sal
Pimienta negra recién molida
Pimentón picante
1 manojito de menta

Fácil

Por persona:
1.100 kj/260 kcal
8 g de proteínas · 6 g de grasas
39 g de hidratos de carbono

● Se tarda, en total, 50 minutos.

1. Exprimir el limón y mezclar el zumo con el aceite de oliva y el zumo de tomate. Pelar los ajos, prensarlos y añadirlos.

2. Agregar la sémola de couscous a la mezcla, remover y dejar reposar 30 minutos.

3. Pelar el pepino y cortarlo en dados pequeños. Lavar el pimiento, quitarle las semillas y trocearlo también. Escaldar los tomates, pelarlos y trocearlos en pequeños dados.

4. Mezclar las verduras con el couscous y sazonar con sal, pimienta y pimentón.

5. Lavar la menta y adornar el plato con las hojas.

Sugerencia

Esta ensalada, bien fría, es en verano un plato muy refrescante.

Lechuga con champiñones

Como entremés o para una cena ligera.

Ingredientes para 4 personas:
1 lechuga francesa
4 cucharadas de vinagre de vino blanco
Sal
Pimienta recién molida
1 pizca de mostaza picante
3 cucharadas de aceite
150 g de champiñones
2 cucharadas de manteca refinada
5 dientes de ajo
$^1/_2$ puñado de perifollo

Exquisita

Por persona:
600 kj/140 kcal
2 g de proteínas · 14 g de grasas
3 g de hidratos de carbono

● Se tarda, en total, 30 minutos

1. Lavar ligeramente la lechuga y escurrirla.

2. Mezclar en una ensaladera el vinagre, la sal, la pimienta, la mostaza y el aceite, y batir con las varillas hasta obtener una salsa cremosa. Añadir la lechuga y mezclarla bien con la salsa.

3. Limpiar los champiñones, lavarlos y cortarlos en laminillas. Calentar la manteca y freír en ella los champiñones 5 minutos hasta dorarlos.

4. Pelar los ajos, prensarlos y añadirlos a la lechuga. Salpimentar los champiñones y añadirlos calientes a la ensalada.

5. Lavar el perifollo, quitarle los rabitos y esparcir las hojas sobre la ensalada. Se sirve con pan de pueblo.

Foto superior: Lechuga con champiñones.
Foto inferior: Ensalada de couscous.

Ensalada templada de lentejas

Ingredientes para 4 personas:

250 g de lentejas

1 cebolla

1 hoja de laurel

1 clavo de especia

4 dientes de ajo

2 tomates

¹/₂ manojo de cebolletas

4 cucharadas de vinagre de vino tinto

1 cucharadita de sal

Pimienta negra recién molida

5 cucharadas de aceite de oliva

Elaborada

Por persona:
1.300 kj/310 kcal
16 g de proteínas · 11 g de grasas
38 g de hidratos de carbono

● Tiempo de remojo: 12 horas.

● Se tarda, en total,
40-50 minutos.

1. Poner las lentejas en remojo durante la noche procurando que estén cubiertas de agua. Al día siguiente pelar la cebolla y mecharla con el clavo y el laurel Poner las lentejas, escurridas, en una cazuela con agua fría, la cebolla y 2 ajos sin pelar. Cocer tapadas 30-40 minutos a fuego lento hasta que estén tiernas. Probarlas de vez en cuando.

2. Escaldar los tomates, pelarlos, cortarlos a la mitad y sacar las semillas. Cortar la pulpa en dados pequeños. Lavar las cebolletas y cortarlas en aros finos.

3. Mezclar el vinagre con un poco de sal, añadir pimienta y aceite (a chorro muy fino). Batir con las varillas hasta que la salsa esté cremosa. Añadir el ajo prensado.

4. Escurrir las lentejas, y en caliente, mezclarlas con los tomates, cebolletas y con la salsa.

Alubias a la espuma de ajo

Ingredientes para 4 personas:

1,5 kg de alubias blancas gruesas

Sal

3 cucharadas de aceite de nuez

El zumo de 2 limones

1 pizca de pimienta de Cayena

Pimienta negra recién molida

2 huevos

1 yema de huevo

¹/₄ l de caldo de gallina

2 dientes de ajo

1 pizca de nuez moscada recién rallada

250 g de jamón asalmonado en lonchas finas

1 ramita de estragón

Original

Por persona:
5.500 kj/1.300 kcal
98 g de proteínas · 21 g de grasas
180 g de hidratos de carbono

● Se tarda, en total, 30 minutos.

1. Cocer las alubias en agua con sal, pasarlas por agua fría y escurrirlas bien.

2. Mezclar el aceite con 4 cucharadas de zumo de limón, sal, pimienta de Cayena y pimienta negra. Añadirlo a las alubias, remover bien y dejar unos minutos en reposo.

3. Añadir un poco de caldo al huevo y la yema y luego incorporar los ajos prensados.

4. Poner en un recipiente el caldo sobrante con el resto de zumo de limón y colocar el recipiente al baño María. Remover la mezcla de huevo poco a poco hasta obtener una espuma cremosa. Sazonarla con sal, pimienta y nuez moscada.

5. Cortar el jamón en tiritas y mezclarlo con las alubias.

6. Repartir la espuma en 4 platos y servir encima las alubias. Adornar con hojas de estragón.

Foto superior: Ensalada templada de lentejas.
Foto inferior: Alubias a la espuma de ajo.

Champiñones con salsa de aguacate y ajo

Los champiñones empanados y bien crujientes se complementan de forma perfecta con esta exquisita salsa. Un tentempié delicioso o una cena ligera.

Ingredientes para 4 personas.
Para la salsa:
1 aguacate maduro
El zumo de $^1/_2$ limón
5 dientes de ajo
150 g de yogur
Sal
Pimienta blanca recién molida
1 pizca de pimienta de Cayena
1 manojo de cebollino
Para las setas:
500 g de champiñones
2 huevos
Sal
1 pizca de pimienta negra recién molida
1 pizca de nuez moscada recién rallada
1 cucharadita de salsa de soja
4 cucharadas de harina
100 g de pan rallado
1 l de aceite para freír.

Fácil

Por persona:
2.300 kj/550 kcal
14 g de proteínas · 42 g de grasas
30 g de hidratos de carbono

● Se tarda, en total, 30 minutos.

1. Para la salsa, cortar el aguacate a la mitad y a lo largo, sacar el hueso y extraer la pulpa con una cucharilla. Rociarla inmediatamente con zumo de limón.

2. Pelar los ajos y picarlos en la batidora con el aguacate y el yogur haciendo con todo un puré fino. Sazonarlo con sal, pimienta y pimienta de Cayena.

3. Lavar y secar el cebollino, picarlo y mezclarlo con la salsa. Mantener en sitio fresco.

4. Lavar los champiñones, previamente limpios y secarlos suavemente.

5. Batir los huevos y sazonarlos con sal, pimienta, nuez moscada y salsa de soja. Poner en dos platos la harina y el pan rallado.

6. Calentar el aceite en una sartén o freidora eléctrica.

7. Pasar los champiñones por harina, huevo y pan rallado.

8. Freirlos en porciones durante 1 minuto. Sacarlos y escurrirlos sobre papel de cocina y finalmente servirlos con la salsa de aguacate (para untar).

Variante:

Pueden utilizarse también otra clase de setas similares. Si son setas grandes deben cortarse en trozos. Esta receta sirve asimismo para brécol y la coliflor. Solamente deben cocerse antes ligeramente y escurrir bien.

Sugerencia

Esta salsa de aguacate y ajo es apropiada igualmente para salsa de fondue o emparrillados.

Los champiñones empanados y la salsa de aguacate con mucho ajo, conservan ambos su propio sabor y se complementan perfectamente. Este exquisito tentempié se prepara rápidamente y tiene gran éxito entre los amantes de la buena mesa.

Peperonata

Esta fritada de pimientos y tomates puede servirse caliente o fría, como primer plato o también como guarnición.

Ingredientes para 4 personas:
250 g de cebollas
3 cucharadas de aceite de oliva
4 dientes de ajo
Pimientos rojos, verdes y amarillos (200 g de cada)
750 g de tomates carnosos
1 hoja de laurel
1 ramita de romero fresco (o 1 cucharadita de agujas de romero secas)
Sal
Pimienta negra recién molida

Especialidad italiana
Elaborada

Por persona:
570 kj/140 kcal
5 g de proteínas ·7 g de grasas
14 g de hidratos de carbono

● Se tarda, en total, 1 hora.

1. Pelar las cebollas y cortarlas en aros finos (o cortarlas con la media luna).

2. Calentar el aceite en una cazuela ancha y glasear los aros de cebolla.

3. Pelar los ajos, prensarlos y añadirlos a la cebolla.

4. Lavar los pimientos, sacar las semillas y pieles interiores, cortarlos en tiras y añadirlos también.

5. Escaldar los tomates, pelarlos, cortarlos en cuartos y añadirlos a la fritada. Agregar el laurel y el romero, salpimentar y cocer tapado 30 minutos a fuego lento. Remover de vez en cuando.

6. Finalmente retirar el laurel y el romero, rectificar de sal y pimienta y servir.

Setas variadas

Para preparar esta receta utilizo setas de cultivo, aunque naturalmente, las setas silvestres son mucho más sabrosas. Es una buena guarnición para pasta, ñoquis o patatas con piel

Ingredientes para 4 personas:
200 g de pleurotos
200 g de boletos o níscalos
200 g de champiñones
1 cebolla grande
2 cucharadas de mantequilla
3 dientes de ajo
Sal
Pimienta negra recién molida
150 g de crema fresca
1 ramillete de perejil

Algo cara
Fácil

Por persona:
980 kj/230 kcal
5 g de proteínas ·22 g de grasas
4 g de hidratos de carbono

● Se tarda, en total, 35 minutos.

1. Limpiar las setas frotándolas con papel de cocina. Cortar los pleurotos en tiras finas, el resto en laminillas.

2. Pelar y picar la cebolla. Calentar la mantequilla en una sartén grande y glasear la cebolla hasta que esté blanda.

3. Añadir las setas, rehogarlas a fuego vivo y reducir luego el calor.

4. Agregar el ajo prensado. Salpimentar al gusto, incorporar la crema fresca y cocer suavemente 10 minutos.

5. Lavar y secar el perejil, picarlo y añadirlo poco antes de servir.

Foto, en primer término: Peperonata.
Foto, en segundo término: Setas variadas.

Patatas y berenjenas guisadas

Ingredientes para 4 personas:

2 cebollas

3 cucharadas de aceite de oliva

400 g de berenjenas

600 g de patatas

$1/_8$ l de caldo de verduras

5 dientes de ajo

3 cucharaditas de curry en polvo

Sal

Pimienta negra recién molida

2 cucharadas de hojitas frescas de orégano (o 1 cucharada de seco)

Vegetariana Elaborada

Por pesona:
840 kj/200 kcal
5 g de proteínas · 7 g de grasas
31 g de hidratos de carbono

● Se tarda, en total, 1 hora.

1. Pelar y picar las cebollas.

2. Calentar el aceite en una sartén grande y glasear la cebolla.

3. Lavar las berenjenas, quitar los rabos y cortarlas en dados grandes. Pelar las patatas, lavarlas y cortarlas igual. Poner todo en la sartén y añadir el caldo de verduras.

4. Pelar los ajos y añadirlos prensados. Sazonar con sal y pimienta, y dejar que cueza lentamente 30 minutos removiendo de vez en cuando.

5. Rectificar la sazón si es necesario y servir salpicado de orégano.

Verdura «Primavera»

Ingredientes para 4 personas:

250 g de colinabo

350 g de zanahorias tiernas

250 g de vainas de guisantes extrafinos

150 g de espinacas

$1/_2$ manojo de cebolletas

3 dientes de ajo

3 cucharadas de mantequilla

Sal

Pimienta recién molida

$1/_8$ l de caldo de verduras

5 cucharadas de queso fresco a las finas hierbas

El zumo de $1/_2$ limón

1 puñado de perifollo

Vegetariana Elaborada

Por persona:
795 kj/190 kcal
7 g de proteínas · 13 g de grasas
12 g de hidratos de carbono

● Se tarda, en total, 45 minutos.

1. Pelar los colinabos y las zanahorias y trocearlos. Lavar las vainas de guisantes y cortarlas en rombos. Lavar las espinacas, escurrirlas bien y quitarles los rabitos. Lavar las cebolletas y cortarlas (con parte del verde) en rodajitas finas. Pelar los ajos.

2. Calentar la mantequilla en una sartén, añadir los ajos prensándolos dentro, incorporar las zanahorias y los colinabos y rehogar todo 4 minutos removiendo de vez en cuando.

3. Añadir después las vainas, las espinacas y la cebolla. Salpimentar, regar con el caldo y cocer tapado 15 minutos.

4. Batir el queso con el zumo de limón hasta que esté cremoso, mezclarlo con las verduras y rectificar de sal

5. Lavar el perifollo, quitar los rabitos y esparcir las hojitas sobre la verdura. Puede acompañarse con patatas nuevas o arroz.

Foto superior: Patatas y berenjenas guisadas.
Foto inferior: Verdura «Primavera».

Terrina de ave con Mascarpone

Las terrinas son un plato principal muy apropiado para el verano, un buen entremés y también una solución ideal para un bufé frío o una merienda. Esta terrina de ave se prepara fácilmente y pueden hacerla también los principiantes.

Ingredientes para un molde de cake de 1 litro:

750 g de carne de pavo

2 yemas de huevo

Sal

Pimienta blanca recién molida

1 pizca de pimienta de Cayena

El zumo de ¹/₂ limón

6 dientes de ajo

350 g de Mascarpone (queso de nata fresco, de Lombardía)

1 ramillete de albahaca

Cebollino y perejil (2 ramilletes de cada)

4 filetes pequeños de pechuga de gallina

2 cucharadas de mantequilla

Fácil
Algo cara

Por persona:
1.700 kj/406 kcal
38 g de proteínas · 25 g de grasas
1 g de hidratos de carbono

● Se tarda, en total, 1 ³/₄ horas.

1. Trocear la carne y pasarla por la picadora.

2. En un recipiente hondo batir las yemas con sal, pimienta, pimienta de Cayena y zumo de limón.

3. Pelar los ajos y prensarlos sobre el batido.

4. Añadir el Mascarpone a cucharadas removiendo continuamente. Lavar las hierbas, desprender las hojitas y picarlas. Mezclarlas bien con la carne, la masa de queso y sazonar. Calentar el horno a 180 °C.

5. Salpimentar los filetes de gallina y calentar la mitad de la mantequilla en una sartén. Freírlos por ambos lados 8 minutos y dejar enfriar ligeramente.

Variante:

En la farsa –es decir, el relleno de carne– puede mezclar champiñones, unos 150 g, cortados en rodajitas, rehogados en mantequilla y salpimentados al gusto. Si le gusta puede añadir un poquito de nuez moscada. Por lo demás, la preparación de la terrina no varía.

6. Engrasar el molde y rellenarlo con la mitad de la farsa de pavo, colocar encima los filetes de gallina y cubrir con la otra mitad de la farsa extendiéndola bien.

7. Colocar el molde en una fuente de horno, llenar ésta con agua hirviendo de forma que cubra la mitad del molde. Meter al horno (centro) y cocer 1 hora.

8. Dejar enfriar el molde y luego volcar en una fuente. Cortar el pastel en lonchas y servir acompañado de ensalada mixta.

Pollo al ajillo con sidra

Ingredientes para 4 personas:

1 pollo de 1,2 kg

Sal

Pimienta negra recién molida

Harina

4 cucharadas de aceite de oliva

15-20 dientes de ajo (según el tamaño)

¹/₂ l de sidra seca

1 manojo de cebolletas

1 pizca de pimienta de Cayena

Original

Por persona:
2.400 kj/570 kcal
63 g de proteínas · 25 g de grasas
21 g de hidratos de carbono

● Se tarda, en total, 1 ¹/₂ horas.

1. Trocear el pollo y quitarle la piel Salpimentarlo y enharinarlo.

2. Calentar el aceite en una sartén y freír bien el pollo troceado. Reservarlo.

3. Pelar los ajos y rehogarlos en la grasas de fritura hasta que estén dorados.

4. Colocar los trozos de pollo (con los ajos) en una fuente honda refractaria, regarlos con la sidra y cocerlos tapados 40 minutos a fuego lento.

5. Limpiar las cebolletas, lavarlas y, pasados 25 minutos, añadirlas al pollo.

6. Sacar el pollo de la fuente y también las cebolletas, y mantenerlos calientes. Cocer la salsa hasta que se reduzca. Sazonar con sal, pimienta y pimienta de Cayena.

7. Servir el pollo en una fuente y regarlo con la salsa. Adornar con las cebolletas poniéndolas alrededor.

Pechuga de gallina con salsa de pistachos

Ingredientes para 4 personas:

8 filetes de pechuga de gallina de 125 g cada uno

Sal

Pimienta blanca recién molida

¹/₈ l de aceite de oliva

El zumo de 1 limón

8 dientes de ajo

1 ramillete de melisa o toronjil

1 cucharada de pan rallado

50 g de pistachos molidos

Exquisita

Por persona:
1.700 kj/400 kcal
61 g de proteínas · 16 g de grasas
6 g de hidratos de carbono

● Se tarda, en total, 2 ¹/₂ horas.

1. Limpiar los filetes de pieles y grasas, salpimentarlos y colocarlos en una fuente uno junto a otro.

2. Mezclar el aceite con el zumo de limón, pelar los ajos y añadirlos prensados a la mezcla. Lavar la melisa, arrancar las hojitas del tallo, cortarlas en tiras finas y añadirlas a la marinada.

3. Rociar los filetes con la marinada y meterlos 2 horas en el frigorífico dándoles la vuelta de vez en cuando.

4. Sacar la carne del adobo y quitar los restos de la melisa. Añadir a la marinada el pan rallado, los pistachos y salpimentar al gusto.

5. Freír los filetes de pechuga por ambos lados (sin aceite y en una sartén de teflón). Taparlos y dejar que se hagan suavemente 8-10 minutos.

6. Cortar los filetes en lonchas transversales y servirlos colocándolos en forma de abanico. Adornarlos con un poco de salsa y con una ramita de melisa. Servir el resto de la salsa en una salsera.

En el pollo al ajillo con sidra (foto detrás) y en la pechuga de gallina con salsa de pistachos (foto en primer término), la carne de ave lleva un acompañamiento distinto al habitual.

Ternera asada con costrada de maíz

La carne se mantiene jugosa bajo la capa crujiente de maíz.

Ingredientes para 4 personas:
800 g de carne de ternera (cadera)
Sal
Pimienta blanca recién molida
Nuez moscada recién rallada
2 cucharadas de aceite
2 cebollas medianas
2 zanahorias medianas
1 lata de maíz (140 g)
5-6 dientes de ajo
1 ramillete de perejil
2 cucharadas de pan rallado
1 cucharadita de ralladura de cáscara de limón
2 cucharadas de mantequilla
El zumo de $^1/_2$ limón
$^1/_8$ l de caldo de carne
150 g de crema fresca

Para invitados
Exquisita

Por persona:
2.100 kj/500 kcal
45 g de proteínas · 29 g de grasas
16 g de hidratos de carbono

● Se tarda, en total, 1 $^1/_2$ horas.

1. Lavar la carne con agua fría, secarla y frotarla con sal, pimienta y nuez moscada.

2. Calentar el aceite en una fuente de asar y dorar la carne bien por todas partes.

3. Calentar el horno a 220 °C.

4. Pelar y trocear las cebollas y zanahorias y colocarlas alrededor de la carne.

5. Meter al horno en la rejilla central y asarla 45 minutos a 180 °C.

6. Escurrir el maíz en un colador. Pelar los ajos y hacer un puré con ambas cosas en la picadora.

7. Lavar y picar el perejil y mezclarlo con el pan rallado y la ralladura de limón. Añadirlo al puré y sazonarlo con sal, pimienta y nuez moscada.

8. Sacar la carne del horno y colocarla en una bandeja de horno cubierta con papel de aluminio. Untar la parte superior de la carne con la pasta de maíz, poner unos copos de mantequilla y meter de nuevo al horno haciéndola al grill 8 minutos hasta que esté crujiente. Dejar reposar 10 minutos con el horno apagado.

9. Mientras hacer un puré con la verduras y el jugo de asar la carne, zumo de limón, caldo de carne y crema fresca. Ponerlo en una cazuela y dejarlo que cueza suavemente hasta obtener la consistencia deseada. Sazonar al gusto.

10. Cortar el asado en lonchas de 1 cm de grosor y servirlo con la salsa. Como guarnición acelgas rehogadas y pasta a la mantequilla.

Variante:

Si no desea hacer un asado grande, puede prepararse igualmente un bistec. Se fríe por ambos lados, se salpimenta y se unta la superficie con la pasta de maíz. Luego se hace al grill o al horno.

Sugerencia

Esta pasta de maíz puede servirse como guarnición con pescado, carnes o aves. Si lo desea aún más sabroso, mezcle unas tiras de tocino.

La costrada de maíz, ajo y perejil recubre la suave carne de ternera y le proporciona un sabor especial.

Filetes de pavo rellenos

Ingredientes para 4 personas:

1 ramillete de perejil

4 dientes de ajo

1 cucharada de aceite de oliva

150 g de queso Mozzarella

Sal

Pimienta recién molida

4 filetes de pavo, de 130 g cada uno

2 cucharadas de manteca

1 limón

Palillos

Fácil

Por persona:
1.300 kj/310 kcal
89 g de proteínas · 17 g de grasas
1 g de hidratos de carbono

● Se tarda, en total, 35 minutos.

1. Picar el perejil y ponerlo en un recipiente hondo. Añadir los ajos prensados, el aceite y mezclar bien.

2. Cortar el queso Mozzarella en 8 lonchas y salpimentarlas por ambos lados. Extender en 4 lonchas la mezcla de hierbas y taparlas con las 4 lonchas restantes.

3. Salpimentar los filetes de pavo, colocar encima los paquetitos de queso y cerrar los filetes sujetándolos con palillos.

4. Calentar la manteca y freír los filetes a fuego vivo 5 minutos

por cada lado, luego dejar que acaben de hacerse a fuego medio durante 8 minutos.

5. Cortar el limón en cuartos y adornar con él los filetes. Se sirve con patatas fritas y pan francés.

Rollitos de ternera a la crema de limón

Pueden servirse también fríos.

Ingredientes para 4 personas:

8 dientes de ajo

80 g de queso parmesano recién rallado

5 cucharadas de aceite de oliva

1 ramillete de menta fresca

8 filetes de ternera finos, de 120 g cada uno

Sal

Pimienta negra recién molida

Pimienta de Cayena

$1/_8$ l de vino blanco seco

El zumo de 2 limones

250 g de doble crema

Exquisita

Por persona:
2.900 kj/690 kcal
59 g de proteínas · 45 g de grasas
7 g de hidratos de carbono

● Se tarda, en total, 1 hora y 10 minutos.

1. Pelar los ajos y prensarlos en un recipiente hondo. Añadir el

parmesano y 3 cucharadas de aceite de oliva.

2. Lavar la menta, secarla y arrancar las hojitas del tallo reservando cuatro o cinco para el adorno.

3. Salpimentar los filetes por ambos lados y untarlos con la mezcla de queso. Poner una hoja de menta sobre el relleno y formar unos rollitos que se sujetarán con bramante de cocina.

4. Calentar el aceite sobrante en una sartén grande y dorar los rollitos. Reservarlos. Quitar la grasa de la sartén y añadir el vino y el zumo para recoger el fondo de freír los filetes dejando que hierva un momento. Agregar la crema, dar un hervor y luego colocar los rollitos en la sartén. Dejar que cuezan 35 minutos a fuego lento.

5. Sacar los rollos de la sartén y reservarlos en sitio caliente. Hervir la salsa hasta que adquiera la consistencia deseada, y sazonarla con sal y pimienta de Cayena.

6. Servir los rollitos con la salsa y adornar con la menta. Como guarnición tallarines con mantequilla o arroz blanco, en el cual se han mezclado unas almendras.

En primer término: Rollitos de ternera a la crema de limón.
En segundo término: Filetes de pavo rellenos.

Rollitos de novillo rellenos de setas

Ingredientes para 4 personas:

1 cebolla

50 g de panceta

1 cucharada de aceite

200 g de pleurotos

4-6 dientes de ajo

Sal

Pimienta negra recién molida

1 ramillete de perejil

2 yemas de huevo

4 filetes de novillo, de 150 g cada uno

2 cucharadas de manteca

$^1/_4$ l de vino tinto seco

125 g de nata

Unos palillos

Algo cara

Por persona:
2.600 kj/620 kcal
36 g de proteínas · 46 g de grasas
5 g de hidratos de carbono

● Se tarda, en total, 2 $^1/_2$ horas.

1. Pelar y picar la cebolla. Cortar la panceta en dados, retirando previamente la corteza.

2. Calentar el aceite en una sartén y freír la cebolla y la panceta hasta que las cebollas estén transparentes.

3. Limpiar las setas y cortarlas en tiras finas, ponerlas en una sartén y rehogarlas hasta que se haya evaporado todo su líquido.

4. Añadir el ajo prensado y salpimentar al gusto.

5. Picar el perejil y añadirlo. Dejar enfriar la mezcla y añadir las yemas mezclándolas bien.

6. Salpimentar los filetes, esparcir sobre ellos el relleno de setas, enrollarlos y sujetarlos con unos palillos.

7. Calentar la manteca y dorar en ella los rollitos. Agregar el vino tinto, tapar y dejar cocer 1 $^1/_2$ horas.

8. Añadir la nata a la salsa y batir con las varillas; dejar cocer 5 minutos y sazonarla. Servirlos con su salsa.

Chuletas de cerdo en papillote

Ingredientes para 4 personas:

1 cebolla mediana

6 dientes de ajo

1 cucharada de mantequilla

2 tomates carnosos (250 g)

2 ramilletes de perejil

Sal

Pimienta negra recién molida

2 cucharadas de aceite

4 chuletas de cerdo

Por persona:
2.000 kj/480 kcal
40 g de proteínas . 33 g de grasas
7 g de hidratos de carbono

● Se tarda, en total, 1 hora.

1. Picar finamente la cebolla y los ajos.

2. Calentar la mantequilla en una sartén y glasear la cebolla y el ajo a fuego lento procurando que no se tuesten.

3. Escaldar los tomates, pelarlos y picarlos. Calentar el horno a 200 ºC.

4. Picar fino el perejil y mezclarlo con la picada de ajo, cebolla y los tomates, y salpimentarlo.

5. Calentar el aceite, freír las chuletas por ambos lados dorándolas. Salpimentarlas al gusto.

6. Extender 4 trozos de papel de aluminio con el brillo hacia arriba. Colocar una chuleta sobre cada uno, cubrirla con la mezcla de tomate y envolverla poniendo el papel ahuecado. Presionar las aberturas.

7. Colocarlas en una bandeja de horno y meterlas en el centro 20-25 minutos. Se sirve con ensalada griega.

Foto superior: Rollitos de novillo rellenos de setas.
Foto inferior: Chuleta de cerdo en papillote.

Chuletillas de cordero con sabayón al ajo

El sabayón al ajo puede servirse también con pescado en su jugo.

Ingredientes para 4 personas:
Para la verdura:
Un pimiento rojo, uno amarillo y uno verde
2 escalonias
2 cucharadas de mantequilla
Sal
3 dientes de ajo
$^1/_8$ l de vino blanco
$^1/_4$ l de caldo de carne
Zumo de limón
Pimienta blanca recién molida
Para el adorno:
Unas ramitas de melisa o de menta

Algo cara

Por persona:
3.800 kj/900 kcal
35 g de proteínas · 79 g de grasas
9 g de hidratos de carbono

● Se tarda, en total, 50 minutos.

1. Lavar los pimientos y cortarlos en dados pequeños. Picar finamente las escalonias.

2. Calentar la mantequilla y rehogar a fuego lento los pimientos y las escalonias durante 7 minutos. Salpimentar y conservar caliente.

3. Remover las yemas con un poco de sal Añadir los ajos prensados. Colocar el recipiente al baño María y batirlas a mano hasta obtener punto de espuma.

4. Agregar a chorro fino el vino blanco y el caldo removiendo continuamente hasta que la salsa esté cremosa. ¡Atención! el baño María no debe hervir, ya que pueden cortarse las yemas.

5. Sazonar la salsa con zumo de limón y pimienta, y conservarla caliente.

6. Calentar el aceite en una sartén y freír las chuletas 2-3 minutos por cada lado, luego salpimentarlas.

7. Servirlas en platos precalentados y cubrirlas en un lado con el sabayón y poner los pimientos como guarnición.

8. Lavar la melisa o la menta y adornar con ello las chuletas.

Variante:

El sabayón al ajo puede utilizarse también para pechugas de pollo o gallina, o para pescados en su jugo o cocidos. Y como verduras pueden utilizarse espinacas o rodajas de calabacín.

La apetitosa verdura está descrita también en la receta. Las chuletillas de cordero deben servirse muy calientes en platos precalentados.

Conejo en salsa de albahaca

El conejo puede comprarse ya limpio y mandar que lo troceen en la tienda.

Ingredientes para 4-6 personas:
1 conejo de 2 kg (mandar trocear al carnicero)
Sal
Pimienta negra recién molida
3 cucharadas de aceite de oliva
1 cabeza de ajo
375 g de nata
1 hoja de laurel
1 ramita de romero (o 2 cucharaditas de agujas secas)
100 g de aceitunas secas
2 ramilletes de albahaca

Fácil

Por persona:
2.800 kj/670 kcal
54 g de proteínas · 4 g de grasas
5 g de hidratos de carbono

● Se tarda, en total, 1 $\frac{1}{4}$ horas.

1. Lavar la carne con agua fría, secarla y frotarla con sal y pimienta.

2. Calentar el aceite en una fuente de asar y dorar el conejo, luego sacarlo.

3. Lavar la cabeza de ajo, secarla y cortarla, atravesada, en rodajitas de $\frac{1}{2}$ cm. Freírlas en aceite de oliva y volver a colocar dentro el conejo troceado. Regar con la nata y añadir el laurel y el romero. Tapar y estofar 45 minutos a fuego medio. Pasados 30 minutos añadir las aceitunas.

4. Lavar, secar la albahaca y arrancar las hojas del tallo. Dejar enteras las hojas pequeñas, las grandes cortarlas en tiras. Reservar algunas de las más bonitas y las otras añadirlas a la carne 5 minutos antes del final de la cocción esparciéndolas por encima.

5. Sazonar la salsa y esparcir por encima el resto de la albahaca. Puede servirse en la misma fuente de asar.

6. Servir el conejo acompañado con ñoquis de pan, patatas al horno o simplemente con pan. Y de verdura puede escoger entre calabacines con tomate o una ensalada mixta con todo aquello que ofrece la huerta.

Variante:

En lugar de nata puede utilizarse tomate. Para ello se necesitan 750 g de tomates maduros. Se escaldan, se pelan y se pican gruesos. Se ponen en primer lugar en la fuente de horno antes de rehogar el conejo. Los tomates se unen de forma perfecta con el ajo y las demás especias.

Un exquisito plato de conejo con el toque especial de la albahaca, el romero y, por supuesto, el ajo.

Bourride

La receta original de esta sopa proviene de Francia. Allí se llama «Bourride» y la preparan con trozos grandes de pescado junto con las rapas. Como es más fácil de preparar con trocitos de filetes de pescado –y también más fácil de comer– me he decidido por este método.

Ingredientes para 4-6 personas:

800 g de filetes de pescado variado (bacalao, rape, dorada, congrio o similares)

El zumo de 1 limón

Sal

1 cebolla grande

1 zanahoria

2 tallos de apio

2 cucharadas de mantequilla

800 g de tomates

$^1/_2$ l de vino blanco seco

1 hoja de laurel

Pimienta negra recién molida

*1 ramita de romero
(o 1 cucharadita de agujas secas)*

4 dientes de ajo

2 yemas de huevo

$^1/_8$ l de aceite de oliva

1 ramillete de albahaca

Para invitados

Por persona:
2.800 kj/675 kcal
39 g de proteínas · 41 g de grasas
20 g de hidratos de carbono

● Se tarda, en total, 1 $^1/_2$ horas.

1. Lavar los filetes de pescado, secarlos y cortarlos en trozos. Rociarlos con zumo de limón y salarlos. Taparlos y dejar reposar en el frigorífico.

2. Pelar la cebolla y la zanahoria, y picarlas bien finas. Hacer lo mismo con el apio previamente lavado (en los tallos gruesos quitar también las hebras). Cortarlos en trocitos.

3. Calentar la mantequilla en una cazuela grande y glasear a fuego suave la cebolla, la zanahoria y el apio.

4. Escaldar los tomates, pelarlos, quitarles las semillas y picarles gruesos. Añadirlos a la cazuela y regarlos con el vino y $^1/_4$ l de agua. Añadir también el romero, el laurel y salpimentar. Dejar cocer 45 minutos tapado y a fuego muy lento.

5. Finalizado el tiempo de cocción pelar, prensar los ajos y ponerlos en un recipiente alto. Añadir las yemas, salpimentar y batir bien hasta que se mezcle todo bien.

Sugerencia

Puede prepararse el caldo previamente y así sólo resta añadirle la mayonesa y el pescado unos minutos antes de servir la sopa. Una comida ideal para invitados si se sirven unos entremeses y postre. Preséntela en una bonita sopera para que cada comensal se sirva lo que guste.
Puede acompañarse con unos picatostes de pan frito.

6. Agregar el aceite a chorro muy fino y seguir batiendo hasta obtener una mayonesa. Sazonar con el limón sobrante.

7. Añadir la mayonesa a la sopa caliente procurando que no hierva más. Incorporar los trozos de pescado y dejar que se hagan 6 minutos a fuego muy lento.

8. Lavar la albahaca y adornar la sopa con las hojitas.

Caballas en papillote

Un plato económico, fácil de preparar y muy sabroso.

Ingredientes para 4 personas:

2 ramilletes de perejil

1 pimiento rojo

6 dientes de ajo

4 cucharadas de mantequilla blanda

Sal

Pimienta negra recién molida

4 caballas limpias, de 350 g cada una

El zumo de 1 limón

Económica

Por persona:
3.400 kj/810 kcal
67 g de proteínas · 59 g de grasas
4 g de hidratos de carbono

● Se tarda, en total, 45 minutos.

1. Lavar, secar y picar el perejil Lavar el pimiento, quitarle las semillas y pieles blancas y cortarle en dados pequeñitos.

2. Colocar en un recipiente el pimiento y perejil y añadir los ajos prensados. Incorporar la mantequilla y mezclar todo bien; salpimentar al gusto.

3. Calentar el horno a 180 ºC.

4. Lavar bien el pescado con agua fría y secarlo. Rociarlo con limón también en su interior; salpimentarlo y rellenarlo con la farsa.

5. Envolver, las caballas, por separado, en papel de aluminio, colocarlas en una bandeja de horno y hacerlas 25 minutos en la parte central del horno.

6. Desenvolver el pescado y reservar el jugo que se ha formado dentro del paquete. Quitar la piel y las espinas y servirlo con el relleno y el jugo.

Bacalao con puré de espinacas

Ingredientes para 4 personas:

100 g de espinacas frescas

Sal

6 dientes de ajo

3 cucharadas de crema fresca

Pimienta recién molida

1 pizca de nuez moscada recién rallada

2 cucharadas de pan rallado

600 g de filetes de bacalao fresco

El zumo de 1 limón

1 cucharada de mantequilla líquida

Fácil

Por persona:
860 kj/200 kcal
27 g de proteínas · 8 g de grasas
6 g de hidratos de carbono

● Se tarda, en total, 50 minutos.

1. Limpiar bien las espinacas, lavarlas y quitarles el rabillo.

Blanquearlas 2 minutos en agua hirviendo con sal, pasarlas por agua fría y escurrirlas bien.

2. Pelar los ajos y hacer con la batidora un puré añadiendo las espinacas y la crema fresca.

3. Sazonarlo abundantemente con sal, pimienta y nuez moscada y mezclarlo con el pan rallado.

4. Calentar el horno a 200 ºC.

5. Lavar el pescado con agua fría, secarlo, rociarlo con zumo de limón y salpimentarlo.

6. Preparar un trozo grande de papel de aluminio con la parte brillante hacia arriba, pincelarlo con la mantequilla y colocar encima el pescado.

7. Repartir el puré de espinacas sobre los filetes de pescado, envolverlo en el papel cerrando bien los lados y colocarlo en la bandeja.

8. Hornearlo en el centro durante 20 minutos.

Para los aficionados al ajo:
En primer término: Bacalao con puré de espinacas.
En segundo término: Caballas en papillote.

Tallarines con salsa de salmón

Ingredientes para 4 personas:

500 g de tallarines verdes

Sal

1 cebolla pequeña

2 cucharadas de mantequilla

1 diente de ajo

$^1/_4$ l de vino blanco seco

375 g de nata

Pimienta blanca recién molida

1 cucharada de zumo de limón

350 g de salmón fresco

1 manojo de cebollino

Exclusiva

Por persona:
4.200 kj/1.000 kcal
37 g de proteínas · 52 g de grasas
90 g de hidratos de carbono

● Se tarda, en total, 30 minutos.

1. Hervir agua abundante con sal y cocer los tallarines 8-10 minutos «al dente».

2. Mientras pelar la cebolla y picarla muy fina. Calentar la mantequilla en una cazuela, glasear la cebolla y añadir el ajo prensado.

3. Regar con el vino y dejar que se reduzca el líquido casi del todo. Añadir la nata y dejar que dé un hervor hasta que se reduzca un tercio aproximadamente. Sazonar con sal, pimienta y zumo de limón.

4. Cortar el salmón en trozos, lavar el cebollino, picarlo y añadir todo a la salsa dejando que repose 1 minuto.

5. Escurrir la pasta, repartirla en platos y poner encima el salmón con la salsa.

Sargo gratinado con Mozzarella

Ingredientes para 4 personas:

750 g de filetes de sargo

El zumo de 1 limón

Sal

Pimienta blanca recién molida

1 ramillete de perejil

1 ramillete de eneldo

1 cucharadita de tomillo fresco (o $^1/_2$ cucharadita de seco)

5 dientes de ajo

3 cucharadas de aceite de oliva

600 g de tomates

150 g de queso Mozzarella

Para invitados

Por persona:
1.600 kj/380 kcal
43 g de proteínas · 19 g de grasas
6 g de hidratos de carbono

● Se tarda, en total, 1 $^1/_4$ horas.

1. Lavar el pescado con agua fría y secarlo. Cortarlo en trozos grandes, rociarlo con limón y salpimentarlo.

2. Lavar el perejil y el eneldo, y picarlos finos. Ponerlos en un recipiente con el tomillo. Añadir el ajo prensado y mezclar todo con 2 cucharadas de aceite de oliva.

3. Rociar el pescado con la marinada y dejarlo reposar 20 minutos en el frigorífico dándole la vuelta de vez en cuando.

4. Calentar el horno a 200 °C. Escaldar los tomates, pelarlos y cortarlos en rodajas. Asimismo cortar la Mozzarella en lonchitas finas.

5. Poner una fuente de horno con el aceite sobrante y colocar el pescado y el tomate, alternando, en forma escalonada. Regar con la marinada, salpimentar y tapar la fuente con papel de aluminio. Meter al horno (centro) y cocer 25 minutos. Retirar el papel y gratinar 10 minutos más hasta que se dore.

Foto superior: Tallarines con salsa de salmón.
Foto inferior: Sargo gratinado con Mozzarella.

Besugo sobre lecho de verdura

Un plato muy práctico, pues una vez en el horno ya está concluido el trabajo. Ideal para agasajar a sus invitados, sobre todo por su exquisito sabor.

Ingredientes para 4 personas:
1 besugo limpio de 1 kg
El zumo de 1 limón
Sal
Pimienta blanca recién molida
6 dientes de ajo
1 limón
1 pimiento rojo, uno amarillo o naranja y uno verde
250 g de calabacines, a ser posible pequeños
500 g de tomates
1 ramillete de perejil
$1/_8$ l de vino blanco seco
$1/_8$ l de aceite de oliva

Fácil

Por persona:
2.800 kj/670 kcal
46 g de proteínas · 46 g de grasas
13 g de hidratos de carbono

● Se tarda, en total, 1 $1/_4$ horas.

1. Lavar el pescado con agua fría y secarlo. Rociarlo con limón por dentro y por fuera y salpimentarlo.

2. Pelar los ajos. Tres de ellos cortarlos por la mitad a lo largo. Lavar el limón con agua muy caliente cepillándolo y cortarlo en 6 gajos.

3. Hacer 3 cortes en el besugo e introducir en cada uno de ellos la mitad de un ajo y un gajo de limón.

4. Lavar los pimientos, retirar las semillas y pieles, y cortarlos en tiras anchas.

5. Lavar los calabacines y cortarlos en rodajas finas.

6. Escaldar los tomates, pelarlos y picarlos previamente quitadas las semillas.

7. Lavar el perejil, secarlo y picarlo fino.

8. Calentar el horno a 200 ℃.

9. Poner en una fuente los tomates, los calabacines, los pimientos y el perejil; añadir el ajo prensado y mezclar todo bien. Salpimentar. Colocar la mezcla en una besuguera y rociar con vino blanco.

10. Poner el besugo encima de las verduras y regarle con aceite. Cubrirlo con papel de aluminio y meter al horno (centro) dejando que se haga 15 minutos. Luego retirar el papel, reducir el calor a 180 ℃ y dejar que se acabe de hacer 25 minutos más. Si se tuesta demasiado taparlo de nuevo.

11. Quitarle la piel y las espinas y cortarlo en filetes. Servirlo con las verduras. Como guarnición pueden servirse patatas al vapor.

Variante:

El besugo es un pescado de exquisito aroma, pero con demasiadas espinas. Por eso puede utilizar en su lugar filetes de otros pescados (salmonetes o barbo de mar, bacalao fresco, truchas asalmonadas, etc.). En ese caso su tiempo de cocción se reduce a la mitad. La verdura debe cocerse antes. Esta verdura puede también variarse utilizando lonchas de setas (pleurotos) o también un lecho de espinacas. Las patatas están también indicadas y al mismo tiempo sacian. Cortarlas en lonchas finas y colocarlas en el fondo de la besuguera; regarlas con caldo y hacerlas al horno 45-50 minutos a 220 ℃; finalmente poner el pescado encima y seguir horneándolo unos minutos, según la clase de pescado. Como complemento puede servirse una mayonesa ligera aderezada con zumo de limón y unos tomates picados.

La delicada carne del besugo acompañada con pimientos, tomates y calabacines es un plato especialmente exquisito.

Ensalada de fideos chinos con camarones

Una ensalada ligera y refrescante muy indicada para servirla bien fría en verano. Se prepara rápidamente porque los fideos chinos no necesitan un tiempo de cocción largo, ya que solamente se escaldan ligeramente. Debe tenerse sumo cuidado en el uso de las especias, ya que los fideos absorben los sabores con gran facilidad. Puede adquirirlos en tiendas de productos orientales, o en grandes supermercados.

Ingredientes para 4 personas:

---

2 dientes de ajo

---

1 trozo de raíz de jengibre, de 1 cm de largo

---

100 g de fideos chinos (tiendas de productos orientales)

---

2 ramilletes de perejil

---

400 g de camarones cocidos y pelados (frescos o congelados)

El zumo de 2 limones

---

1 cucharada de salsa de soja

---

3 cucharadas de aceite de soja

Sal

Pimienta recién molida

Exquisita
Fácil

Por persona:
1.000 kj/240 kcal
22 g de proteínas · 9 g de grasas
17 g de hidratos de carbono

● Se tarda, en total, 30 minutos.

1. Pelar los ajos y el jenjibre, y picarlos finos.

2. Escaldar los fideos con agua hirviendo y dejarlos reposar 10 minutos. Escurrirlos en un colador, pasarlos por agua fría y cortarlos en trocitos con una tijera.

3. Lavar el perejil, escurrirlo y picarlo. Cortar un ajo a la larga y frotar con él una ensaladera.

4. Poner en la ensaladera los camarones, los fideos, el perejil y el jengibre. Mezclar el zumo de limón con la salsa y el aceite de soja, salpimentar y añadir el ajo restante prensado. Remover y verter sobre la ensalada, y mezclar todo bien. Poner en sitio fresco hasta que se sirva.

Gambas al ajillo

No podría faltar este «clásico del ajo» procedente de la cocina española. En España se toma como tapa con un vaso de vino o una copa de Jerez seco. También puede servirse como un pequeño tentempié o como entremés. Los langostinos pueden prepararse del mismo modo. Naturalmente tienen que hacerse unos minutos más. Con arroz y una ensalada constituye una agradable comida con la que se alegrarán también sus invitados.

Ingredientes para 4 personas:

6 dientes de ajo

1 guindilla seca, pequeña

200 cc de aceite de oliva

350 g de gambas cocidas y peladas (frescas o congeladas)

Sal

Especialidad española
Rápida

Por persona:
810 kj/190 kcal
15 g de proteínas · 14 g de grasas
2 g de hidratos de carbono

● Se tarda, en total, 10 minutos.

1. Pelar los ajos y cortarlos en lonchitas finas. Aplastar la guindilla con un cuchillo.

2. Calentar el aceite en una sartén y añadir el ajo y la guindilla. Remover continuamente hasta que el ajo esté dorado.

3. Incorporar las gambas y remover por espacio de 2 minutos.

4. Salarlas al gusto y servirlas bien calientes en cazuelitas, acompañadas de pan de barra. Un buen entremés o una cena ligera.

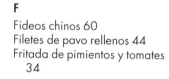

La fotografía de la
cubierta:
Ensalada de couscous,
receta en página 28

Cornelia Adam
Desde que era niña mostró un
notable interés por todo lo
relacionado con el
establecimiento hotelero de sus
padres, por lo que no es de
extrañar que acabase
graduándose en Hostelería.
Posteriormente amplió sus
conocimientos interesándose
especialmente por la
gastronomía y pronto entró a
formar parte del cuadro de
colaboradores de una famosa
revista femenina. Sus frecuentes
viajes de estudio por el
extranjero le han permitido
además conocer a fondo la
cocina de varios países a las
que ha dedicado varios libros.

Título original: *Küchen - Ratgeber mit Knoblauch*

Traducción: *María del Carmen Vega Álvarez*

PRIMERA EDICIÓN, primera reimpresión, 1993

© Gräfe und Unzer GmbH, 1990 y
EDITORIAL EVEREST, S. A.
Carretera León-La Coruña, km 5 - LEÓN
ISBN: 84-241-2300-X
Depósito legal: LE. 458-1991
Printed in Spain - Impreso en España

EDITORIAL EVERGRÁFICAS, S. A.
Carretera León-La Coruña, km 5
LEÓN (España)